남도
역사문화
기행

| 화순편 |

| 화순편 |

남도
역사문화
기행

구 충 곤 편저

이지
출판

화순의 아름다운 문화와 장대한 역사

매서운 칼바람이 산천과 대지를 무겁게 짓누른다. 엄동설한의 한파가 사람들의 행동을 굼뜨게 한다. 동지섣달의 혹한 속에서도 매화는 꽃 피울 날을 기다리고, 얼음 사이에서 숨을 죽이고 있는 개울물은 봄날의 힘찬 용트림을 준비한다. 천지와 자연은 새로운 봄날을 준비하며 희망에 차 있다.

그러나 우리 화순은 여전히 위기와 혼란의 시대를 벗어나지 못하고, 어둡고 칙칙한 미로 속을 헤매고 있다. 우리 고장은 지방자치제 실시 이후 잦은 재보궐선거, 끊이지 않는 송사訟事, 실소를 금할 수 없는 가족 정치와 패거리 문화, 부정과 부패의 온상 등으로 말미암아 전국적인 웃음거리가 되고 있다.

　출향出鄕 인사들은 화순 출신임을 당당하게 밝힐 수 없는 고향을 잃어버린 부평초 같은 신세가 되고 있으며, 부정과 편법 그리고 패거리 정치로 전락한 화순의 선거문화와 지방행정은 연일 언론매체의 질타를 받고 있다. 필자 역시 화순의 구태와 악습에서 자유로울 수 없다. 화순과 전남 사람을 대변하는 도의원을 역임하였고, 전남도립대 총장으로 재직하면서 참회와 반성의 마음으로 하루하루를 살아가고 있다.

　필자는 우리 화순이 직면하고 있는 작금의 부끄러운 현실 앞에 절망과 분노를 넘어 새로운 희망과 동트는 아침을 역사와 문화 그리고 전통에서 길을 찾기 위해 유적 답사와 삶의 현장을 방문해 왔다.

　우리 화순이 예로부터 의향義鄕, 학향學鄕, 예향禮鄕으로 불리며 남도의 명향名鄕이 되었던 저력과 배경을 확인할 수 있었다. 순후한 인심과 멋들어진 산천 정기 속에서 배출된 화순 출신 및 우리 지역과 깊은 인연을 맺은 인물들은 청사에 빛나는 찬란한 별이 되었다.

　화순의 멋, 미감, 감성은 남도 문화 발전의 요람이자 성장의 탯줄이 되었다. 세계문화유산 고인돌공원, 쌍봉사 철감선사 부도탑과 운주사의 천불천탑, 적벽의 웅장한 자태, 고요히 흐르는 지석강 물줄기는 화순의 아름다운 문화와 장대한 역사를 상징한다.

　고려 불교의 정수를 체득한 진각국사 혜심, 호남 사림문화를 개화시킨 조광조, 임진왜란 의병의 구심 최경회, 한말 의병항쟁의 총본산 쌍산의병 등은 화순 역사의 영롱한 빛을 발한 분들이다.

이 책은 우리 고장 화순의 문화유적과 역사의 현장, 노동과 삶의 터전, 멋스러운 명소에서 회생의 길을 발견하기 위한 노정의 자취와 심정을 글로 옮겨 보았다. 필자가 혼자 쓴 글이 아니라 여러 동료와 함께 답사지 성격의 자료를 모으고 정리한 것을 묶은 것이다.

학술적인 목적을 위하여 간행한 전문도서가 아니기 때문에 각주나 인용의 근거를 밝히지 못한 점 양해 바란다. 그 대신에 우리 고장의 유적 답사와 현장 확인을 통해 남도 명향의 전통을 복원하고, 삶의 진한 향기가 풍겨나는 살기 좋은 고장을 만들기 위한 필자의 간절한 소망을 담았다.

독자들과 함께 화순의 전통에서 묻어나는 곱디고운 문화의 향기를 같이 호흡하며 새로운 화순 건설에 이바지하는 조그마한 디딤돌이 되었으면 한다.

끝으로 화순의 문화유적을 화폭에 담아 준 정태관, 박득규, 김병택 화백, 멋진 풍광을 앵글에 담은 홍진석 사진작가, 원고 작성에 만전을 기해 준 이필승 선생 등 여러 분께 감사를 표한다. 또한 기꺼이 책 출간을 맡아 주신 이지출판사 서용순 대표와 편집부 직원의 노고에 대해서도 감사의 말씀을 드리지 않을 수 없다.

2013년 12월

전남도립대학교 총장 구 충 곤

제2부

아름다운 고장 화순의 문화자원

제3부
의로운 기개를 떨친 화순 사람들의 발자취

제4부
아픔 속에 피어난 화순의 정감

제5부

화순 사람의 여유와 미감

제1부

전설이 만들어 낸
화순의 문화전통

유마사, 아픈 사랑의
애욕을 넘어 해탈을 꿈꾸다

유마사維摩寺는 관세음보살이 사람으로
화신한 보안普安 처녀를 아프게 사랑한 부전스님의 고운 사랑이 아롱
져 있는 산사이다. 유마사를 감싸고 있는 모후산이 중풍을 앓기 시작
한 지 몇 해가 지났건만, 천년 사찰은 폐허의 아픔을 뒤로하고 비구니
스님을 배출하는 명문 승가대학으로 용트림하고 있다.

유마사는 전성기 때는 호남에서 가장 큰 사찰 중의 한 곳이었지만
오랫동안 버려져 있었기 때문에 남아 있는 것이 별로 없다. 최근 들어
불사佛事가 이루어져 호남 최초로 비구니 승가대학이 세워졌지만 건
물은 모두 새것이다. 유마사에서 오래된 것은 부도뿐이다. 두 개의 부
도가 있는데, 선이 무척 아름답다.

유마사 전경

하나는 보물 제1116호로 지정된 유마사 해련부도海蓮浮屠이다. 보안의 아버지 유마운維摩雲의 것으로 상륜부는 세월을 이기지 못하고 사라지고 없다. 그 옆에 경헌대로사리탑敬軒大老舍利塔이 있다. 부도의 모양이 조금 독특하다. 지대석과 단일석으로 이루어진 하대석 네 귀퉁이에 동물들이 새겨져 있다. 서쪽은 멧돼지, 남쪽과 북쪽은 사자, 동쪽은 호랑이다. 무등산 원효사 동부도의 조각과 비슷한 형식을 띠고 있다.

유마사는 해련선사의 부도탑으로 대변되는 천년 사찰의 위용보다는 창건에 얽힌 사랑 이야기와 연못에 비친 달빛이 속세인을 반갑게 맞아 준다. 유마사는 중창 불사를 통해 새롭게 건축하여 고풍은 남아 있지 않지만, 백제 무왕 시절인 627년에 지어진 절이라고 한다.

유마사는 전설에 따르면 중국에서 건너온 유마운과 그의 딸 보안이 창건했다고 전한다. 고려 때는 귀정암과 금릉암 등 8개의 암자를 거느린 호남 최고의 규모를 자랑하는 사찰이었다. 규모는 사람의 마음을 빼앗을 만한 것은 못 되고, 지금 절의 규모가 작아졌다고 마음 아파할 건 없다.

유마사 방문은 사찰의 예술미와 해련부도탑의 고졸미古拙美를 견식하기 위해서가 아니라 '보안'을 만나러 가는 길이다. 아름다운 여자, 관세음보살의 화신이었던 여자, 본디 관세음보살이었던 여자, 채로 물을 받아 달을 떠낸 여자, 이 얼마나 마음 끌리고 매력적인 전설인가. 본래 모습을 몰라보고 보안에게 마음을 빼앗겼던 부전스님의

유마사 해련선사 부도

사랑은 또 얼마나 애달픈가.

 유마사로 들어가기 위해서는 '보안교' 라 불리는 절 문을 지나야 한
다. 거대한 바위 하나가 하천의 이쪽과 저쪽을 연결하고 있는데 모후
산에서 옮겨 온 것이라고 한다. 이 바위를 옮기려 했으나 번번이 실패
해 보안이 치마폭에 싸서 옮겨 놓은 것이라는 전설이 남아 있다.

 유마사에 오르면 절보다 보안교와 아름드리 애기단풍이 서 있는
계곡 주변의 정취에 빠져들게 된다. 달 대신 초록의 애기단풍 그림자
가 물 위에 떠 있다. 달이 뜨면 애기단풍의 그림자는 사라지고 보안의

영롱한 모습이 수면에 자태를 드러내기를 기대해 본다.

보안의 아버지 유마운은 중국 요동 지역의 태수太守였다. 시산혈해의 겁란 속에서 많은 사람을 죽여 재물을 얻었지만, 사랑하는 딸 보안의 청에 의해 가난한 백성들에게 내놓고 길을 떠난다. 국경을 넘어 화순 모후산 아래에 이르러 절을 지어 법당을 지킬 스님 하나를 들였다. 그가 부전스님이다.

세월이 몇 해 흘러 유마운이 죽은 후 보안과 부전만 절에 남았다. 보안은 부전의 뜨거운 사랑을 알았다. 어느 날 밤 보안은 부전에게 편지를 썼다. "발원을 등지고 윤회輪廻의 강에 탐닉하는 것은 짐짓 불자의 바른 행위가 아닌 줄 아오나, 스님께서 정히 그렇게 저를 필요로 하신다면 아까워 드리지 못할 것이 없사오니, 내일 저녁 열두 시에 아랫마을 하천으로 나와 주십시오."

그날 밤 부전은 나왔고, 보안은 채 하나를 건넸다. 그러면서 말하기를 "스님, 저 물 속에 둥근 달이 보이지요? 저 달을 이 채로 건져내는 것입니다. 스님이 달을 건지고 제가 그 달을 건져도 좋고, 둘이 다 건지지 못하여도 또한 좋습니다. 그러나 스님께서 건지지 못하고 제가 건지게 된다면 우리의 약속은 멀어지는 것입니다."

부전스님은 채로 달을 건져내지 못했고, 보안은 아주 쉽게 건져냈다. 같은 채인데 보안이 들었을 때 채는 물이 새지 않았다. 상심한 부전은 사랑의 병이 깊어 많이 아팠다. 그 병을 낮게 해 줄 수 있는 건

보안뿐이었다. 어느 날 보안이 아파 누워 있는 부전을 찾았다.

보안은 법당 안에 모셔진 탱화를 뚝 떼어 마룻바닥에 깔고 옷을 벗었다. 그러나 부전은 옷을 벗지 못했다. 사랑이 아무리 깊어도 스님이 탱화를 깔고 누울 수는 없었던 탓이다. 보안이 노하며 말했다.

"너는 만들어 놓는 그림에 불과한 부처는 무섭고, 진짜 살아 있는 부처는 무섭지 않느냐?"

그리고는 백의관세음보살로 변해 하늘로 날아갔다고 한다.

관음보살이 선택한 상서로운 땅 유마사를 등지고 속세로 돌아오는 길은 내내 마음이 아렸다. 모후산이 무분별한 개발로 몸살을 앓고 있다. 관음보살이 현신한 보안의 실체를 알아보지 못한 부전스님의 애달픈 사랑과 모후산의 가치를 포크레인의 굉음으로 대체하려는 현대인의 오만함이 다를 것이 없다.

공민왕의 피란과
모후산의 유래

모후산은 섬진7지맥의 한 봉우리로 높이가 919m에 이르는 화순을 대표하는 명산이다. 모후산의 봉우리는 백아산의 줄기를 타고 내려와 동복천을 앞에 두고 멈춰 선 곳이다. 모후산은 정상에서 굽어보면 주암댐의 호수와 함께 삼면이 푸른 물줄기로 둘러싸인 절경을 이루며 멀리 무등산, 조계산, 백아산과 득량만을 바라볼 수 있다.

모후산 주변에는 물염적벽, 주암호, 유마사 등의 명소가 곳곳에 있고, 항상 맑은 계곡물이 넘쳐 관광객과 등산객에게 각광을 받고 있다. 모후산은 주변의 산들에 비해 유난히 높게 솟은 출중한 산세가 일품이다. 계곡 따라 흘러내리는 맑은 물소리와 빽빽이 들어찬 숲은 아름

모후산 숲길

다움 그 자체이다.

운치 있는 풍경을 자랑한다. 특히 정상 조금 못미처 기암절벽 바위 틈에 서 있는 만고풍상萬古風霜을 겪은 늙은 소나무는 활짝 웃으며 반갑게 지친 등산객을 맞이해 준다. 그 끈질긴 생명력 앞에 두 손 모아 소원을 빌어본다. 천년 고송古松은 모후산의 오랜 역사를 간직하며 눈 아래 풍광과 경치, 사람들이 살아가는 속세의 인심을 굽어보고 있다.

고송은 알고 있을 것이다. 산 아래서 전개된 지난 천년의 화순 역사, 그 찬연하고 장쾌한 파노라마를 보고 있었을 것이다. 모후산은 아름다운 풍경을 더욱 빛내 주는 이름의 유래와 천년 고찰 유마사, 수많은 전설 등 귀하고 깊은 의미를 담고 있다.

모후산의 원래 이름은 나복산蘿葍山이었다고 한다. 그 유래는 조계종 송광사 창건 설화에 나타나 있다. 보조국사가 나복산에서 나무로 만든 솔개를 날려 떨어진 곳에 송광사를 세웠다는 것이다. 또한 고려 시대 백문보白文寶가 지은 시에, 고려 공민왕이 김도金濤라는 사람에게 '나복산인 김도장원蘿葍山人金濤長源'이라는 여덟 자를 써서 내려 주었는데, 나복蘿葍은 동복同福의 별호別號라는 주가 붙어 있다.

모후산의 고려시대 이름이 나복산이었던 사실은 확인된다. 나복은 인삼과 깊은 관련이 있다. 나복은 한자로 '蘿葍' 혹은 '蘿菖'으로 쓰는데, 십자화과에 속한 채소인 '무'를 가리킨다. 그런데 나복이 가리키는 것은 단순한 무가 아니라 고려인삼을 의미한다. 심마니들 사이에서도 무 꿈을 꾸게 되면 인삼, 즉 산삼을 얻는다는 설화가 현재까지도 전해져 내려온다.

오늘날 모후산 일원에는 고려인삼의 시원지라 하여 대규모로 산양삼이 재배되고 있다. 나복산이 산삼이 많은 곳 혹은 인삼이 자라는 산에서 그 명칭이 기원한 사실과 일치된다.

나복은 무나 인삼과 관련된 의미를 내포할 뿐만 아니라 불교가 널리 신봉되던 고려시대의 불국토 사상과 관련된 불교 용어이기도 하다. 나복은 석가모니의 10대 제자 가운데 한 사람으로, 마가다의 브라만 출신으로 부처의 교화를 펼치고 신통神通 제일이라는 이름을 얻었던 '마우드갈리아야나maudgālyayana'를 말한다. 그는 나복羅卜, 목건련, 목련目連 등으로 불리기도 한다.

화순읍에 위치한 만연산의 고려시대 이름이 백팔나한百八羅漢과 관련된 나한산羅漢山이었듯이, 모후산 역시 나복산이라는 불교 용어 혹은 불제자를 상징하는 명칭이 사용된 것이다. 나복산의 명칭은 불교를 배척하고 유교를 숭상하는 조선이 건국된 후 오늘날의 모후산으로 바뀌었다.

모후산의 기원은 고려 1361년공민왕 10년 압록강을 건너 홍건적이 쳐들어왔을 때, 왕이 태후를 모시고 피란 온 것에서 유래한다. 공민왕은 수려한 산세에 반해 가궁을 짓고 환궁할 때까지 1년여 남짓 머물렀다는 것이다. 그 후 원래 명칭인 나복산에서 모후산으로 바뀌었으며

모후산 정상 새해맞이 모습

'어머니의 품속 같은 산'이라는 뜻으로 불리게 되었다.

참으로 그럴듯하고 지명 변경의 정당성도 부여된 셈이다. 그러나 공민왕은 화순으로 피란을 온 적이 없으며, 홍건적을 피하여 왕이 몽진蒙塵한 곳은 경상도 안동 일대였다. 공민왕은 중국 원나라 말기에 일어난 홍건적이 고려를 침입하자, 1361년 안동으로 행차하여 70일 가량 머물렀다.

공민왕이 환도한 후 안동은 '대도호부'로 승격되는 등 각별한 우대를 받았다. 지금도 안동에는 공민왕의 왕후였던 노국대장공주魯國大長

公主가 강을 건널 때 여성들이 인간다리를 만들어 건너게 했던 것에서 유래한 놋다리 밟기가 전해진다. 또한 안동과 그 주변 지역은 공민왕과 관련된 여러 유적과 설화들이 많이 남아 있다.

그러면 역사적으로 타당성이 없는 공민왕의 동복 지역 피란과 모후산 지명 유래가 어떻게 형성되었을까 궁금하다. 그 비밀은 동복의 옛 지명인 '복주福州'에 있다.

안동의 옛 명칭 역시 복주였는데, 우리 지역 사람들이 공민왕이 안동으로 피란하였던 역사적 사실을 무시하고 문헌에 보이는 복주를 동복으로 오해한 데서 연유한 것이다.

불교가 흥하였던 고려가 망하고 조선이 건국되면서 불교 용어에서 유래한 나복산은 더 이상 사용되지 못하고, 산의 모양이나 형세를 본따서 다른 이름으로 불리게 되지 않았을까 한다. 동복의 옹성산이 거북 모양 혹은 독아지항아리 형상을 따라서 이름을 지었듯이, 모후산 역시 어머니의 품속과 같이 따듯하고 아늑한 형세를 따른 것으로 짐작될 뿐이다.

모후산은 모호산母護山으로 불리기도 하였다. 임진왜란 때 동복현감 김성원이 늙은 어머니를 구하기 위하여 성모산성聖母山城에서 필사적으로 싸우다가 순절한 것을 기리는 데서 기원한다. 그리하여 나복산이 모호산母護山이 되었고, 마을 이름도 모호촌母護村으로 불렀다는 기록이 전한다.

산세가 험하고 호남 내륙의 지리적 요충지에 위치한 모후산은 6·25 전쟁의 깊은 상처를 간직하고 있다. 당시 빨치산 전남도당은 이곳에 근거지를 마련하고 유마사에 은거하면서 백아산의 산사람과 연계하여 활동하였다. 당시에 파놓은 참호가 지금도 발견된다. 산막골에는 8·15광복 전까지 15호가량 거주하였으나 모두 소각당해 폐촌이 되었다. 유마사 역시 빨치산의 근거지라고 하여 모두 불태워졌으나 근래에 이르러 복원 정비되고 있다.

능주목의 유래와
인헌왕후의 관향

　　　　　　우리 화순은 옛 능주와 화순, 동복 세
고을이 일제시대에 합해져 오늘의 군세郡勢를 이루고 있다. 화순과 동
복이 현縣이었던 것과는 달리, 능주는 목사가 파견된 목牧이었다.

　능주목은 능주, 춘향, 청풍, 도곡, 도암, 한천, 이양 일대를 관할하였
다. 백제 때는 이릉부리현爾陵夫里縣 혹은 죽수부리현竹樹夫里縣으로, 신
라가 통일한 후에는 능성군陵城郡으로 개칭되어 무주武州, 지금의 광주 관
할 하에 있었다. 능성군은 부리富里와 여미汝湄 등의 영현을 관장했다.

　고려시대에 이르러 1018년현종 9년에 나주의 속현이 되었다가, 1143년
인종 21년 다시 현으로 승격되었다. 조선시대에 들어 1416년태종 16년 화
순을 병합해 순성현順成縣이라 했으며, 1418년에 화순현이 복구되었

능주 죽수절제아문, 김병택

다. 능주는 임진왜란의 극심한 피해를 입어 군현 통폐합이 진행되어 1594~1611년 사이에 피폐한 화순을 병합했다.

　능주는 인조가 즉위한 후 행정제도 측면에서 목牧으로 승격되는 큰 변화가 일어났다. 능주는 1632년인조 10년에 인헌왕후仁獻王后, 1578~1626년의 관향이라 하여 목으로 승격된 것이다. 또한 별호는 이릉爾陵이라 하였다. 능성현綾城縣을 능주목綾州牧으로 승격시킨 조치는 세조의 왕후였던 정희왕후貞熹王后, 1418~1483의 예를 따른 것이다.

　정희왕후는 파평윤씨坡平尹氏인데, 세조가 즉위하자 파산坡山을 왕후

능주면 사무소 내부에 자리한 봉서루

의 본관이라 하여 현縣에서 주州로 승격시켰다. 능주는 인조의 모후母后
인 능성구씨綾城具氏의 관향이었다. 능주는 인조의 모후가 태어난 고향
이 아니라, 능성구씨의 시조가 태어난 관향이었던 것이다.

  인헌왕후 구씨는 추존왕인 원종元宗의 정비正妃이자 16대 인조仁祖의
생모이다. 인헌왕후는 능안부원군綾安府院君 구사맹具思孟의 딸로 태어났
으며, 훗날 원종으로 추존된 정원군과 혼인하여 연주군부인連珠郡夫人에
봉해졌다. 정원군원종은 어려서부터 뛰어난 재능과 비범한 관상으로
부왕인 선조의 사랑을 받았다.

죽수절제아문, 정태관

　선조가 죽고 이복형인 광해군이 임금이 되자 정원군은 견제와 감시
를 받았다. 정원군은 셋째아들 능창군이 신경희과 모의하여 왕이 되
려고 했다는 무고를 받아 죽는 등 많은 시련을 겪었다. 정원군은 울분
속에 마흔의 나이로 사망하였으나, 4년 후인 1623년에 광해군이 쫓겨
나고 큰아들 능양군이 임금에 오르는 인조반정이 일어났다.

　인조가 즉위한 후 정원군은 정원대원군으로 높여졌고, 10년 후인
1632년인조 10년에 원종으로 추존되기에 이르렀다. 능주 역시 목牧으
로 승격되고 목사牧使가 부임하였으며, 263년 만인 1895년에 이루어

진 행정구역 개편으로 나주부 능주군이 되었다. 다음 해에는 전라남도 능주군으로 재편되었다.

능주군은 1908년에 화순이나 동복보다 큰 고을 대접을 받으며 화순군을 합해 거느리기도 했다. 능주는 영산강 상류에 속한 지석천 일대에 펼쳐진 광활한 농토를 끼고 있어 화순이나 동복 지역보다 인구도 많고 물산이 풍요로운 지역이었다.

능주목으로 번성했던 1759년에 편찬한 〈여지도서〉를 보면 능주목의 호구와 인구는 각각 5,033호와 19,650명이었다. 그 반면에 화순은 1,715호에 5,777명, 동복은 2,106호에 7,390명이었으며, 능주는 두 고을을 합한 인구보다 많았다.

능주 지역은 1910년에 조선총독부가 작성한 통계연보統計年報에 의하면 호수는 12,837호이고, 인구는 55,696명이었다. 당시 능주군이 관할한 면面은 17면이었고, 동리洞里 숫자는 323리에 달하였다. 그러나 1914년에 이르러 능주와 동복은 화순에 합해졌고, 그 치소治所마저 화순에 자리하면서 능주는 면面으로 전락하게 되었다.

고인돌과 채석장에
서려 있는 여러 전설

화순 고인돌공원은 춘양 대신리와 도곡 효산리 일대에 걸쳐 5km에 이르는 보검재 계곡을 중심으로 각각 319기와 277기의 고인돌이 남아 있다. 화순 고인돌 유적은 1995년에 발견되어 1998년 사적 제410호로 지정되었으며, 2000년에는 유네스코 세계문화유산으로 등록되었다.

수많은 고인돌 중에서 규모가 큰 것과 채석장 등으로 활용된 고인돌에는 재미있고 다양한 이름들이 설화와 함께 전해 내려온다. 먼저 도곡 효산리 모산마을과 인접한 지역에는 풍수학적인 위치에서 볼 때 고양이 형국에 자리한 괴바위가 놓여 있다.

괴바위는 고양이 바위라고 부르기도 하는데, 괴바위 앞쪽 성곡마을

쥐 형국의 묏자리에 자리한 괴바위 고인돌 전경

뒷산에 위치한 금성산 불등에 있는 풍산홍씨豊山洪氏 선산이 쥐 형국을
이룬 것과 관계가 있다. 고양이와 쥐는 상극을 이루는데, 쥐 형국의
묏자리가 명당에 해당하는 것으로 알려져 있다.

　그리하여 괴바위 고인돌은 무덤으로서의 의미보다는 괴바위 건너
편에 있는 쥐 형국과 상극되는 풍수적인 의미로 더 유명하다. 또한 괴
바위 고인돌은 5개의 괴임돌이 받치고 있는 전형적인 바둑판식 구조
를 취하고 있으나, 무덤이라기보다는 제단의 성격을 갖고 있는 것처
럼 보인다.

채석장으로 활용된 관청바위 전경

　쥐바위를 거쳐 보검재 정상을 향해 올라가자면 고인돌이 열을 지어
있는 관청바위가 나타난다. 구전하는 설화에 의하면 보성원님이 나주
목사를 만나러 가는 길에 이곳에 앉아 민원을 보았다고 해서 관청바
위라는 이름이 붙여졌다고 한다. 관청바위 고인돌은 지석이 없는 전
형적인 바둑판식 형태를 띠고 있다.
　관청바위를 지나면 월곡저수지 오른쪽 야산 꼭대기에 마당바위라는
채석장이 멀리 보인다. 마당바위는 100여 명이 앉을 만큼 넓다 하여
붙여진 이름이며, 고인돌공원 일대에서 확인된 네 곳의 채석장 중에서

대표적인 곳이다. 관청바위 일대의 암석은 고인돌을 만들기 위하여 돌을 떼어 낸 흔적이 완연하게 남아 있어 축조 과정을 짐작할 수 있다.

보검재 정상을 넘어 대신리를 향해 조금 내려가면 둥근 달바위 고인돌을 만날 수 있다. 달바위는 산중턱의 비탈길에 있는 바둑판식 고인돌로 보검재를 지나다닐 때 산능성 위에 있는 고인돌을 보름달처럼 큰 바위라고 하는 데서 연유하였다.

달바위 고인돌은 길이 560cm, 폭 400cm, 넓이 200cm이며, 고임돌이 6개나 되는 바둑판식 구조를 이루고 있다. 이렇게 큰 고인돌의 경우

무덤의 성격보다는 혈연집단의 묘역을 상징하는 기념물이며 작은 것들은 무덤으로 쓰이는 경우가 많다.

달바위에서 대신리 방향으로 조금 내려가면 세계에서 가장 큰 고인돌로 알려진 핑매바위를 만나게 된다. 핑매바위의 덮개돌은 길이 7m, 두께 4m, 무게는 200톤에 달한다. 현대사회의 중장비로도 쉽게 움직이기 힘들 정도의 엄청난 크기에 감탄이 절로 나온다.

핑매바위는 아래 면을 다듬은 흔적이 확인되며, 고임돌이 돌려져 있다. 핑매바위처럼 규모가 크고 잘 다듬어진 고인돌이 산기슭 약간 대지 위에 위치한 경우는 무덤보다는 제단적인 성격이 강한 것으로 보고 있다.

핑매바위의 유래는 마고할미가 운주골에서 천불천탑을 모은다는 이야기를 듣고 치마폭에 돌을 싸가지고 가는데, 닭이 울어 탑을 쌓는 일이 끝나 그만 돌을 버리고 갔다는 설화에서 생겨났다.

핑매바위 위에는 구멍이 있는데 왼손으로 돌을 던져 그 구멍에 돌이 들어가면 아들을 낳고, 들어가지 않으면 딸을 낳는다는 이야기가 전해진다. 지금도 바위 위에는 사람들이 던진 돌이 수북이 쌓여 있다.

핑매바위 고인돌 북쪽 산꼭대기에는 각시바위가 있다. 이곳에는 고인돌의 덮개돌만한 바위들이 산재해 있어 채석장으로 추정하고 있다. 각시바위는 그 모습이 고운 새색시 각시처럼 생긴 것에서 유래하였다고 한다.

고인돌 채석장(감태바위), 박득규

고인돌 채석장(감태바위), 김병택

감태바위 위쪽에 자리한 제단바위

핑매바위를 지나 대신리 마을에 민가에서 조금 떨어진 곳에는 감태바위로 불리는 고인돌 채석장이 위치한다. 감태바위는 갓을 쓴 사람의 모습을 닮아서 붙여진 이름이며, 주변에는 채석장과 크고 작은 다양한 형태의 고인돌이 밀집해 있다.

감태바위 채석장은 돌을 떼어 낸 흔적을 쉽게 확인할 수 있다.

감태바위 아래는 초군들과 초동들이 나무를 해가지고 오면서 놀던 휴식 공간이었다. 또한 감태바위 일대는 돈치기를 하거나 말타기 등의 민속놀이가 벌어지던 곳이었다.

한천 참샘의
비취빛 정취

　　　　　　한천 참샘은 면사무소에서 남면으로 넘
어가는 길을 따라 깃대봉 방면으로 500m 정도를 가면 도로변 오른편
에 위치한다. 참샘은 주석과 철, 아연 등이 풍부하게 함유되어 있으며,
건강에 좋은 알칼리성 약수로 알려져 널리 사랑을 받고 있다.

　참샘은 한천마을 주민뿐만 아니라 화순읍과 광주까지 알려져 365일
내내 줄을 서서 기다려야 약수를 구할 수 있다. 조그마한 옹달샘이 가
뭄이 들거나 아무리 물을 많이 길어내도 항상 같은 수위를 유지하고
있어 신기할 따름이다.

　지금은 한천 혹은 참샘으로 부르지만, 예전에는 용이 살았다고 하
여 용천龍泉이라고 하였다. 그 외에 금자라가 있었다고 하여 금오천

金鰲泉 또는 금정金井으로 불렀다. 그리고 참샘 부근의 산은 금자라가 나왔다고 하여 금오산金鰲山이라는 명칭으로 불린다.

한천 참샘의 본 이름은 한천寒泉을 상징하는 한자의 용례를 볼 때 '참샘'이 아니라 '찬샘'이었다. 그러나 사람들이 부르기 쉬운 참샘으로 변용되었을 것이다. 참샘은 지금은 입구 도로변에 주차장을 마련하여 이용자들에게 편리를 제공하고 있다.

몇 해 전에는 주민들이 참샘과 금자라 전설을 각색한 마당놀이를 공연하여 큰 호평을 받은 바 있다. 그 줄거리를 살펴보면 다음과 같다.

참샘 전경

용암산해발 545m은 산자락에 있는 참샘에서 옛날 황금빛 용과 금자라가 살았다는 전설이 있어 금오산이라고도 불린다. 전설에 의하면 고려시대 용암산 아래에 늙은 아버지와 외동딸이 살고 있었는데, 어느 해 여름 세찬 소나기가 내린 후 샘가에 나간 딸이 새끼용과 황금빛 자라 한 마리가 있는 것을 보게 되었다.

그날 밤 아버지는 용과 자라가 눈물을 흘리며 '세상 사람들 모르게 10년 동안만 숨겨 달라'고 하는 꿈을 꾸게 되었다. 아버지는 그 부탁을 들어주기로 결심하고 용과 자라의 승천을 돕기 위해 제비와 새우를 잡아다 주는 등 마을 사람들 몰래 키웠다. 그 덕에 용은 무사히 하늘로 승천했지만, 금자라는 승천을 앞두고 사람들에게 들켜 병든 임금의 약으로 쓰이고 말았다.

승천한 용은 자운선紫雲仙, 금자라는 어렵게 백운선白雲仙이라는 신선이 되었다. 두 신선은 은혜에 보답하기 위해 부녀를 찾아와 천도天桃를 건네 주었고, 천도를 먹은 부녀는 300년을 살다가 신선이 되었다고 한다.

용과 자라가 승천하여 신선이 된 것으로 전해지는 샘이 한천초등학교 인근에 위치한 '참샘'이다. 참샘은 과거급제와 무병장수를 위한 치성의 대상이 되기도 하였다.

조선시대 능주목사가 이 샘물을 마셨으며, 새벽에 이 샘물을 정화수로 떠놓고 치성을 드리면 과거에 급제한다는 이야기가 전해져 내려온다. 현재 한천 일대는 상수도가 설치되어 편리하게 수돗물을 이용할 수 있지만, 주민들은 여전히 식수와 김치 등을 담글 때 참샘을 이용하고 있다. 특히 약수터 옆 정자와 500년 된 노거수가 약수터 전경을 한층 아름답게 연출하고 있다.

토속음악의 우수성을
널리 알린 도장리 '밭노래'

　　　　　　　　　　화순읍에서 도곡을 거쳐 운주사 방향으로 가는 길에 도암면 도장리 마을이 자리한다. 도장리 마을 입구와 그 주변에 많은 고인돌이 흩어져 있는 것을 볼 때 선사시대부터 마을 취락이 형성되었음을 알 수 있다.

　도장리는 예로부터 아낙네들의 '밭노래'와 '시집살이 노래'가 발달한 마을로 알려져 있다. 그 외에도 '들노래'와 '나무내리기 소리' 등 우리 지역의 토속민요 80여 곡이 전승되고 있다.

　'밭노래'는 여러 문화제에 출전하여 민요부문 우수상을 받는 등 화순 토속음악의 우수성을 널리 알리고 있다. 도장리 마을은 2006년부터 추석을 전후하여 '밭노래' 공연, 사진전, 음악회 등 마을축제를

도장리 마을 '밭노래' 시연 모습

하늘에서 본 도장리 마을 전경

열고 있다. 2008년에는 농림부에 의해 녹색농촌체험마을로 지정되는
등 도농교류사업을 꾸준히 펼치고 있다.

화순군은 수많은 민요들이 생성되었고 지금까지 잘 전승되고 있는
도장리를 '민요마을'로 지정하여 민요의 전승과 보존에 노력을 기울
이고 있다. 또한 도장리에서 5분 거리에 있는 천태초등학교는 민요의
이상적인 전승 모델을 보여 준다.

초등학생들은 도장리 '밭노래' 등 토속민요를 특별활동 시간에 배
우고 있다. 초등학교마다 있는 국악 강사가 마을 주민에게 배운 토속

민요를 학생들에게 가르치는 것이다. 도장리의 '밭노래'를 비롯한 전통문화 계승 노력은 많은 사람들의 헌신이 있었지만, 문화일꾼 김성인 씨의 고투를 빼놓고는 이야기할 수 없을 것이다.

도장리는 논보다는 밭이 많은 마을 여건상 밭을 매면서 자연스럽게 작품화된 '흥글타령'이 민요의 주종을 이룬다. 미영솜을 심으면서 불렀다는 김금순 할머니의 '한재 너머'는 다음과 같다.

한재 너머 한각고야 두재 너머 지충개야
겉잎 같은 울 어머니 속잎 같은 나를 두고
임의 정이 좋다 한들 자석의 정리를 띠고 간가
어메 어메 우리 어메 요내 나는 죽어지면
잔등잔등 넘어가서 양지밭로 묻어놓고
비가 오면 덮어주고 눈이 오면 쓸어주소

도장리 마을 사람들이 입을 맞추어 부르는 일종의 합창노래인 '장감새야'는 가을 추수를 마친 농촌의 정경과 함께 밝은 기운이 넘치는 노래에 속한다.

장감장감 장감새야 팔두 비단에 노담새
만수문전에 풍년새 되옹되옹 잡동새

너 어디가 자고와 구가문으로 돌아가

칠성문에가 자고와

먼 비개 먼 이불 꽃비개 꽃이불 비고 덮고만 자고와

저 건네라 안산에 동대문이 징그렁장그렁 열리는구나

니구새 나구새 다 날아든다 온갖 잡새가 다 날아든다

저 건네 호호리 명산에 달이나 뭉게 솟아올라 금이냐 옥이냐 동자색이냐

니 물에 묵던 수달피 정금탕금 숲안에 들었다

버들이 우구구 꾀꼬리 어라 만서

　

도장리 마을을 대표하는 왕소리꾼 이병순 할머니의 '발자랑'은 무슨 뜻인지 알 수 없을 만큼 오래된 노래이다.

　

발자랑 발자랑 새보신 신고 발자랑

아짐개 족집게 열 다섯 목욕탕 큰애기 노리개

발자랑 발자랑 새보신 신고 발자랑

안아춤 삼한에 만화방창 일년 대화가 연초냐

발자랑 발자랑 새보신 신고 발자랑

　

아쉽게도 도장리 '밭노래'를 부르는 사람들은 대부분 60~70대 할머니들이다. 급속한 도시화와 농촌의 고령화가 진척되면서 수많은 전통

문화가 소멸되었거나 진행중에 있다.

천태초등학교 학생들의 빛나는 눈망울에서 전통을 계승하려는 의지를 엿볼 수 있지만, 전통문화 계승과 재창조 및 창달을 위한 다각적인 노력을 더욱 기울여야 할 것이다. 또한 추석을 전후하여 개최되는 도장리 마을축제같이 여러 마을에서 다양한 전통 행사가 열렸으면 한다. 마을축제는 농업과 농촌의 소중함을 일깨우고, 사람과 자연이 함께 하는 어울림 한마당이 되고 있다.

신종 임금과 청풍 대비리
처녀의 운명적인 만남

         청풍면 대비리는 다른 마을의 이름과는 달리 정확한 실증이나 고증이 이루어지지 않았지만 어떤 왕의 어머니, 대비의 출생과 관계된 명칭을 갖고 있다. 이 마을을 옛날에는 대부동이라 불렀는데, 대비동大庇洞으로 명칭이 바뀌었다. 현재의 행정 편제와 명칭은 청풍면에 속한 대비리大庇里이다.

  대비리의 명칭은 고려시대 때부터 사용되기 시작하였다고 한다. 설화에 의하면 고려 제20대 임금인 신종神宗 때 김수로왕金首露王의 자손인 김해김씨가 마을의 토호土豪로 군림하며 위세를 떨치고 있었다. 그러나 김씨 집안 모두가 부유한 것은 아니었고, 오막살이 가난한 집에 아리따운 처녀 한 명이 곱게 자라고 있었다.

대비리 마을 원경, 사진(홍진석)

처녀는 얼굴이 단아하고 말과 행실이 고와 마을 사람들의 칭찬이
자자했다. 또한 부모에게 효심이 지극할 뿐만 아니라 슬기롭고 부지
런한 아가씨였는데, 생동감이 넘쳐 흐르는 어느 봄날 나물을 캐어 마
을 샘가에서 씻고 있었다.

이때 신종 임금이 여러 조신을 거느리고 미복차림으로 백성의 삶을
살펴보고자 무등산까지 시찰을 나왔다가 다시 화학산으로 향하는 길
에 이 마을을 지나게 되었다. 산길을 걷던 왕은 목이 말라 우물을 찾
던 중에 발걸음을 재촉하다가 샘가에서 나물을 씻고 있는 김씨 처녀

를 보게 되었다.

신종은 심한 갈증으로 왕실의 법도를 망각하고 친히 샘까지 찾아들었다고 한다. 그리고 처녀에게 "얘야, 어서 물 한 그릇 달라!" 하고 청하였다. 처녀는 얼굴을 돌려 그를 우러러보면서 공손한 태도로 바가지로 샘물을 떠서 옆에 있는 버드나무 가지를 휘어잡아 주르륵 몇 잎사귀를 따 물 위에 띄웠다.

신종은 괴이하게 여겨, "얘야! 네 어찌하여 이 물 위에 버들잎을 띄우느냐?" 하고 물었다. 처녀는 "혹시 급체하시어 병이 되실까 염려되어 그리 하였사옵니다"라고 대답하였다. 왕은 처녀의 얼굴을 다시 한번 보고 버들잎을 불어 가면서 천천히 물을 마셨다고 한다.

왕은 떠나면서 처녀의 이름을 묻고, "나는 경기도 개경開京에서 온 사람이다"라는 말을 남긴 후 바쁜 걸음으로 갈 길을 재촉하였다. 그리고 여러 지역의 민정을 골고루 살핀 다음 개경으로 환궁하였다. 그 뒤 왕은 궁중에서도 항상 시골 처녀의 모습이 머릿속에서 떠나지 않았다. 청초하게 빼어난 기품과 우아함이 넘치는 자태며 버들잎을 따서 물에 띄워 주던 그 기특한 지혜가 늘 왕의 마음 한구석에 자리하고 있었다.

왕은 아리따운 처녀를 잊지 못해 병석에 눕게 되었다. 어의를 불러 용체龍體를 보살피게 하였으나 병환은 쉽게 치료되지 않았다. 허약한 몸으로 정사를 살피기가 어렵게 되니 후사도 걱정이었다. 서둘러 태자에게 선위禪位를 하고 또 태자비를 맞이하게 되었다.

왕위를 물려준 신종 임금은 백관들과 상의하여 능성골 우물가에서 만났던 규수를 찾게 되었다. 그리하여 궁벽한 시골의 아리따운 처녀는 마침내 간택되어 궁중 법도의 예로써 왕비가 되었다고 한다. 시골 가난한 집안에서 꿈에도 생각지 못할 왕비가 태어난 것이다.

세상 사람들은 신종이 왕통을 태자에게 선위한 다음 대비로 맞아들였기 때문에 대비가 태어난 대비동으로 부르게 되었다고 한다. 또한 신종과 처녀가 만난 샘을 왕비샘 혹은 왕샘이라 하였으나, 마을 이름에 왕비도 좋지만 계집 녀女가 붙어 가난하다는 풍설이 나돌아 비妃자를 가릴 비庇 자로 고쳐 대비리大庇里가 되었다고 한다.

그 뒤 이 샘도 이름을 바꾸어 '참샘'이라 하였다. 어떤 사람들은 남원윤씨南原尹氏 집안에서 왕비가 나왔다고 하나, 입향선조入鄕先祖의 연대가 서로 연결되지 않고 사실 기록도 없이 떠도는 말이라고 한다. 실증이나 고증도 없이 왕비의 집터와 샘물만 남아 지금도 마을 사람들이 사용하고 있다.

그런데 고려 신종은 무신정변이 일어나 왕의 권위가 땅에 떨어지고 최충헌이 집정하며 왕권을 농락하던 시기에 왕위에 올랐다. 신종은 1197년에 왕위에 올라 1204년에 아들 희종에게 왕위를 넘겨 주었다. 따라서 신종이 생전에 아들 희종에게 왕권을 물려준 것은 사실이며, 그 이유는 최충헌의 압박을 견디지 못하고 퇴위한 것이었다.

신종의 재위 시에는 '만적의 난'을 비롯하여 여러 지역에서 민란이

왕건과 장화왕후 오씨가 만나는 모습을 형상화한 나주 완사천의 조각작품

거듭되어 국왕이 한가롭게 산천을 유람하거나 민정 시찰을 위해 전라도까지 왕래할 수 있는 시기가 아니었다. 신종과 대비리 출생 처녀의 운명적인 만남은 사실상 불가능한 상황이었던 것이다.

또한 신종과 대비리 출생 처녀의 혼담 설화는 태조 왕건과 나주 출신 장화왕후莊和王后 오씨의 관련 설화를 차용하고 있다. 〈삼국유사〉에 기록된 태조와 장화왕후가 나주 완사천에서 처음 만나 사랑을 키워가는 내용은 다음과 같다.

처녀시절 오씨는 꿈에 포구浦의 용龍이 와서 배에 들어가는 태몽을 꾸고 놀라 깨어 부모에게 말하니 모두 기이하게 여겼다. 궁예로부터 수군장군으로 임명된 왕건은 군사를 이끌고 나주로 출정하여 목포

木浦, 현재의 영산포 택촌마을 부근에 배를 머무르고 있었다.

후백제의 민심이 이반된 틈을 타 왕건은 서남해안을 공략하였고, 오다련 등 서남의 귀족들은 왕건에게 투항하였다. 태조가 군사를 이끌고 행군하던 중 목이 말라 우물을 찾다가, 나주 금성산錦城山 남쪽에 상서로운 오색 구름이 서려 있는 것을 보고 말을 타고 그곳으로 달려 갔다.

열일곱 살쯤 되어 보이는 예쁜 처녀가 우물가에서 빨래를 하고 있는 것을 보고 물을 청하자, 처녀는 바가지에 버들잎을 띄워 건네 주었다. 태조가 이상히 여겨 버들잎을 띄운 까닭을 물었다. 대답하기를 "장군께서 급히 물을 마시다가 혹 체할까 염려되어 그렇게 하였습니다" 하고는 얼굴을 붉히면서 고개를 숙였다.

이에 감동한 태조가 그의 아버지를 찾아가 청혼을 하고 흔쾌히 승낙을 받았는데, 처녀는 왕건이 오기 며칠 전에 이미 황룡 한 마리가 구름을 타고 날아와 자신의 몸 속으로 들어오는 꿈을 꾸었다고 한다. 그 후 제2대 혜종이 태어났는데, 왕이 태어난 마을이라 하여 왕을 상징하는 '용龍'자를 써서 이름을 '흥룡동興龍洞'이라 하였다. 당시 처녀가 빨래하던 완사천이 지금도 나주시청 앞쪽 도로 옆에 있고, 그 옆에는 왕후의 비碑가 남아 있다.

화순읍 자치샘과
벽나리 미륵불

        자치샘은 화순읍 남산 입구 사거리의
도로 한가운데 위치한다. 또한 화순읍에서 29번 국도를 타고 능주 방
면으로 철도 건널목을 넘어가면 선돌처럼 보이는 석불이 하나 서 있
다. 이 석불은 '벽나리 민불' 또는 '학서도鶴棲島 미륵불'이라 불린다.

  이들 유적은 보조국사 지눌에 이어 수선사松廣寺의 제2세 조사가 된
진각국사 혜심의 출생과 관련된 전설이 깃들어 있다. 스님의 법명法名
은 혜심慧諶이고, 자는 영을永乙이며, 호는 무의자無衣子였다. 또한 속
성은 최씨, 속명은 식寔이고, 화순읍의 한천일명 車泉에서 태어났다.

  아버지는 완琬, 어머니는 배씨裵氏였다. 스님의 어머니는 스님을
갖기 전에 갑자기 온 천지가 캄캄해지더니 뇌성벽력이 세차게 울리고

이어 하늘로 통하는 문이 활짝 열리면서 천악天樂이 은은히 들려오는 꿈을 꾸었다. 그 뒤 바로 잉태가 되었는데 열두 달 만에 아들을 낳았다고 한다.

진각국사의 출생에 얽힌 전설이 서려 있는 자치샘은 가뭄이 계속되어도 마를 때가 없고, 무더운 삼복에는 더위를 식혀 주는 시원한 물맛으로도 이름이 높은 샘이었다.

고려시대 때 자치샘과 가까운 마을에 배씨 성의 향리가 살고 있었는데, 그 슬하에는 효심 깊은 과년한 딸이 있었다. 배씨는 지방민을 가혹하게 수탈하는 관원들에게 맞서다가 옥에 갇히게 되었다.

애매한 누명을 쓰고 옥에 갇힌 배씨가 풀려나올 날만을 손꼽아 기다리던 딸은 자치샘 앞에 정화수를 떠놓고 신령님께 아버지의 석방을 기원하였다. 소녀는 엄동설한 어느 날 정화수를 뜨다가 바가지에 부딪치는 소리에 놀라게 되었다.

희미한 달빛 아래 자세히 살펴보니 참외 두 개가 떠 있지 않은가. 겨울철에 때아닌 참외가 떠 있어 신기하다고 생각하고 한참 바라보고 있는데 머리 위에서 낭랑한 목소리가 들려왔다.

"낭자야, 그대의 효심에 감동한 신령님이 보내 주신 것이니 서슴지 말고 갖다 먹어라. 그러하면 그대의 소원이 성취되리라."

고개를 돌려 뒤를 보아도 아무것도 보이지 않고 여운만이 샘터를 울려 올 뿐이었다. 배씨 딸은 반신반의하면서도 소원이 성취된다는 말에 집에 가지고 와서 그 자리에서 먹었다. 참외를 먹고 난 뒤부터 배씨 딸은 이상한 증세가 생겼다. 처녀의 몸으로 수태한 해괴한 일이 벌어지게 되었다.

배씨 딸은 누가 알까 봐 속으로 끙끙 앓고 있었지만 배는 점점 불러왔고 만삭이 되어 마침내 옥동자를 낳게 되었다. 아기를 버릴 것을 결심하고 야밤을 이용하여 집에서 서남쪽으로 핏덩이인 아기를 안고 걸어갔다. 5리쯤 가자 들 가운데 수림이 우거진 높지 않은 야산이 있었다.

처녀는 아기를 보에 싼 채 괴목 아래에 버리고 차마 떨어지지 않는 발걸음을 옮기며 하염없이 눈물을 흘리며 돌아왔다. 그런데 엄동에 버려진 갓난아기를 어디에서 날아온지도 모르는 무수한 학들이 날개를 활짝 펴고 보호해 주었다.

때마침 그곳을 지나가던 선비 최씨가 학들의 기이한 모습에 걸음을 멈추고 바라보다가 학들이 감싸고 있는 물체가 무엇인가 궁금하여 가까이 가 보았다. 사람의 출현에 놀란 학들이 하늘로 날아 주위를 맴돌았다. 그런데 학이 감싸고 있던 것을 보니 다름 아닌 갓난아기였다.

학의 보호를 받고 생명을 부지하였던 아기는 최씨 집안에서 정성껏 양육되었고, 1201년신종 4년 사마시司馬試에 입격하였다. 스님은 모친이 돌아가신 후 보조국사를 찾아가 머리를 깎았으며, 송광사의 제2세 법주法主 진각국사 혜심이 되었다.

그 후로 이 샘을 진각국사의 자취가 깃든 샘이라 하여 〈연담대사 자보행업〉과 〈동사열전〉 등의 문헌 등에 따르면 '자취샘'으로 부르게 되었다고 한다. 그러나 화순에 큰 가뭄이 들었을 때 이 우물을 파서 주민들의 어려움을 해결해 주었다는 오자치吳自治라는 지관地官의 이름을 따서 '자치샘'으로 부른다는 기록도 남아 있다.

한편 벽나리 미륵불이 있는 곳은 학이 날아와서 진각국사의 어린 생명을 보호하였다는 전설이 깃들어 있는 학서도鶴棲島 또는 鶴亭子이다. 지금은 주위의 논 가운데 있는 좁은 공간이지만 옛날에는 직경 3m,

벽나리 미륵불, 김병택

　　　　　　남 도　역 사 문 화　기 행 _ 화 순 편

둘레 9m의 천년 수령을 자랑하는 노거수老巨樹가 있었다고 한다. 이 노거수는 1927년 5월 목동의 실화로 소진되었다.

학서도의 미륵불은 조금 떨어진 도로에서 바라보면 뒷모습만 보인 채 선돌 모양을 하고 있다. 다가가서 보면 순박하고 천진한 모습에 쉽게 친근함을 느끼게 되는데, 앙증맞은 귀여운 동자상을 보는 듯하다. 목에 삼도나 이마의 백호가 표현되지 않고 돌기둥 같은 느낌 때문에 장승으로 보기도 하지만, 마을 사람들은 미륵불이라 부른다. 높이는 3.5m에 달한다.

학서도 미륵불은 마을의 지형이 허약하여 미륵불을 세워 안녕을 유지하려는 비보裨補 신앙에서 건립되었다. 뿐만 아니라 자식이 없는 사람이 미륵불에 기원하면 자식을 얻을 수 있다는 설화가 전해져 오는 것으로 볼 때 진각국사의 탄생설화와 관련된 기자祈子 신앙의 유물로도 생각된다.

진각국사는 33세에 보조국사가 열반에 들자 수선사의 제2세 법주가 되었다. 진각국사 비명에 의하면 혜심은 매우 지혜가 뛰어나고 시문에 능한 사람이었음을 알 수 있다. 그는 제자 진훈 등과 더불어 고칙 1125종과 조사스님들의 염송 329종을 모아 〈선문염송禪門拈頌〉 30권을 지었고, 그의 제자들이 집성한 어록 2권과 시문집 2권이 전해오고 있다. 스님이 남긴 선시禪詩 몇 편을 보면 다음과 같다.

벽나리 미륵불, 사진(홍진석)

식심게(息心偈)

가는 세월 물 흘러가듯 급히 가버리고(行年忽忽急如流)

나이 들수록 보이는 건 흰머리뿐(老色看看日上頭)

다만 이 몸도 내 것이 아닐진대(只此一身非我有)

쉬었다 갈 몸 그밖에 구해서 무엇하리(休休身外更何求)

선당시중(禪堂示衆)

푸른 눈이 푸른 산을 마주 대하니(碧眼對靑山)

이 사이엔 티끌조차 끼어들지 못하네(塵不容其間)

벽나리 미륵불, 정태관

맑은 기운이 뼛속까지 뻗나니(自然淸到骨)

이제는 깨달음마저 망상이 되네(何更覓泥洹)

추감(秋感)

그윽한 숲에 서풍이 불어와(西風吹幽林)

가을빛이 홀연히 잎으로 오른다(秋色忽上葉)

느꺼워라, 이내 인생이여(感此百年身)

늙어감이 어찌 이다지도 빠른가(老來何大捷)

강진 월남사지 진각국사비

　스님은 세월의 빠름과 인간사의 무상함을 읊고 있다. 스님은 학문
이 뛰어나고 인격이 고매하였을 뿐만 아니라 불사 창건과 교세 확장
에도 남다른 성과를 냈으며, 고려 조정의 지원을 받아 수선사를 확장
하고 선사의 선풍을 진작시켰다.

　스님의 문하에는 뛰어난 선납禪衲들도 많았지만, 최우崔瑀를 비롯해
당시 무인 집권자들의 가족과 무인정권에 참여한 많은 문무 관료들이
포함되었다. 혜심은 1213년고종 즉위에 선사禪師를 제수받았고, 1216년
에는 대선사로 올려졌다. 스님은 1219년 왕이 단속사斷俗寺의 주지로

명하자 여러 번 사양하다가 이듬해 부임했다. 1234년 6월 26일 제자 마곡麻谷과 다음과 같은 선문답을 남기고 입적하였다.

 이 늙은이가 오늘은 매우 바쁘다
 무슨 말씀인지 모르겠는데요
 이 늙은이가 매우 바쁘니라

스님은 나이 56세, 법랍 32세에 가부좌한 채 미소를 띠고는 곧 대적삼매大寂三昧에 들었다. 조정에서는 진각국사眞覺國師라는 시호를 내리고, 부도의 이름을 원조지탑圓炤之塔이라 사액賜額하였다. 부도는 광원암廣遠庵 북쪽, 진각국사비는 강진군 월남산 월남사月南寺에 각각 세워졌다.

스님의 비명에는 "승과僧科를 거치지 아니하고 승직에 오른 것은 사師가 처음이었다"라고 적혀 있다. 스님의 문하에는 청진몽여淸眞夢如, 진훈眞訓, 각운覺雲, 마곡 등이 있으며, 청진몽여는 수선사의 제3세 법주가 되었다.

제2부

아름다운 고장
화순의 문화자원

화순 선사문화의 요람,
세계문화유산 고인돌공원

　　　　　　　화순은 다른 어느 지역보다 고인돌이
많이 밀집 분포된 한반도 선사문화의 요람으로 알려져 있다. 고인돌
은 북유럽, 서유럽, 지중해 연안, 인도, 동남아시아, 일본 규슈, 중국
동해안과 동북지방, 한반도에서 발견되는 등 거의 세계적인 분포를
보인다. 다만 각 지역마다 형태가 조금씩 다르다.

　고인돌支石墓, dolmen은 크고 평평한 바위를 몇 개의 받침돌로 괴어
놓은 고대 거석 구조물을 말한다. 우리나라에 약 3만여 기로 가장 많
이 분포되어 있으며, 그중에서도 전남 지역에 2만여 기가 밀집되어
있다. 전남 지역의 고인돌은 마한 성립 이전의 토착적인 청동기시대
에 토대를 둔 진국辰國의 문화이다.

고인돌공원의 핑매바위

고인돌공원 내에 위치한 채석장(감태바위), 정태관

　지석묘는 종래 토착농경을 바탕으로 하여 계급이 발생한 족장사회의 지배자와 그 가족들의 공동묘로 이용되었다. 그러나 지석묘의 분포수로 볼 때 전남 지역은 적게는 10기, 많게는 수십 기가 여러 곳에 산재해 있어 이를 족장계급 집단의 공동묘지만으로 보기에는 문제가 따른다.

　한 지역 또는 군집된 지역 내에 분포한 지석묘의 규모가 각기 다르고 군집 간 분포수의 차이가 나타난 점을 고려할 필요가 있다. 또한 오랜 기간 동안 각 집단들이 공동체 사회를 형성하고 공동묘를 조성한 성격을 강하게 띤다.

우리 지방의 지석묘는 무덤으로서의 기능을 가진 것 외에도 지역사회 유력층의 신성한 모임 장소나 제단祭壇의 성격을 가진 것, 묘역墓域을 표시하는 상징적인 기념물, 또한 자기 영역을 뜻하는 경계로서의 의미를 갖는 것 등 성격이 다양하다.

　한반도 고인돌의 여러 특징은 우리 화순 지역에서도 비슷한 양상을 보이거나 전형적인 모습을 띠고 분포되어 있다. 화순은 전남 내륙에 위치하며 영산강과 보성강의 상류 지역으로 고고학적인 측면에서 양 지역 사이의 문화를 비교할 수 있는 좋은 지리적인 여건을 갖추고 있다.

　따라서 화순의 고인돌 문화는 영산강 유역의 평야지대와 보성강 유역 산지지대의 점이지대로서 상호간 문화적인 특징을 비교해 볼 수 있는 지리적 여건을 갖추고 있는 셈이다.

　화순은 세계문화유산에 등록된 도곡면 효산리와 춘양면 대신리 일원 외에 도암면 대초 · 운월리, 이서면 월산 · 장학 · 창랑리, 남면 절산 · 사수 · 복교리 등에서 고인돌이 조사되었으며, 기타 지역에서도 추가 발견되었다.

　세계문화유산 화순 고인돌군은 영산강 지류인 지석강 주변에 형성된 넓은 평지를 배경으로 펼쳐져 있다. 화순 고인돌군은 도곡면 효산리와 춘양면 대신리를 잇는 고개의 계곡 일대에 약 5km에 걸쳐 분포하고 있다. 이 고갯길은 예로부터 교통로의 역할을 해 온 곳이기도 하며 구전으로는 보검재, 보성재, 보금치 등 여러 명칭이 사용되었으나

춘양 효산리 고인돌 유적 보호각 전경

보검재로 부르는 것이 보통이다.

고인돌은 마을 앞 평지와 마을 안에도 있지만 대부분 계곡의 동쪽 산기슭을 따라 군집되어 있다. 좁은 지역 안에 596여 기가 밀집 분포한 점이 특징이다.

효산리 고인돌은 노출되어 확실한 고인돌이거나 고인돌을 축조하기 위해 채석하여 옮겨 온 것을 포함하면 적어도 250여 기 이상이다. 또한 춘양면 대신리 일대에서도 300여 기 이상의 고인돌이 확인되었다.

대신리와 효산리 일대에는 수많은 고인돌의 분포 외에 주변에서 발견된 석실과 상석 하에 노출된 석실 등이 있어 덮개돌 채석 과정을 알 수 있다. 또한 채석장 아래에 지석이 고인 기반식 지석묘, 석실이 노출된 지석묘, 덮개돌이 없는 석실 등을 통해 고인돌의 축조 과정을 한 곳에서 볼 수 있다.

이와 같은 특징을 구비한 대신리와 효산리 일대의 고인돌군은 2000년 12월 2일 유네스코에서 고창, 강화 고인돌과 함께 세계문화 유산 제997호로 등록되어 화순의 대표적인 문화유산으로 각광받고 있다.

화순의 문화유산을 대표하는 효산리-대신리 일원의 고인돌공원은 문화재의 보존과 활용 원칙에 알맞게 정비되고 가꾸어졌으면 한다. 현재 고인돌공원의 유적 정비와 활용 상황을 보면 일시 소강상태에 놓여 있어 아쉬운 바가 적지 않다. 고인돌 자체에 관심을 갖고 있는 분들이라면 더할 나위 없이 좋지만, 그렇지 않은 일반인들이 답사하 기에는 무언가 허전한 측면이 없지 않다.

고인돌공원은 인위적인 시설물을 설치하거나 무분별한 유적 활용 보다는 노천박물관이라 할 수 있는 현지 여건을 최대한 활용하면 어 떨까 생각해 본다. 체계적인 발굴과 조사를 통해 유적의 성격을 규명 하고, 그 실체를 확인하여 일본의 요시노가리吉野ヶ里 역사공원 등과 견줄 만한 세계적인 선사공원으로 조성할 필요가 있다.

그 방안으로 고인돌이 분포한 지역에서 조금 떨어진 효산리 일대의

남면 벽송리 고인돌군 전경

농경지를 매입하여 이집트의 피라미드, 중국의 만리장성, 우리나라의 장군총과 광개토왕릉비, 페루의 마추피추 등과 같은 세계 유수의 거석 기념물 모형을 전시하는 공간 마련 등을 들 수 있다.

대신리 일원은 현재 시행되고 있는 한옥촌 마을 조성으로 특화하고, 효산리 일대는 선사마을을 조성하여 관광객들의 수요에 부응할 필요 가 있다.

고인돌공원 일원에 우리나라에서 자라나는 야생화 군락지를 조성하고, 비봉산성과 연결되는 등산로 및 관광탐방로를 정비하여 역사의 향기가 물씬 묻어나는 사색과 휴식공간으로 조성했으면 한다.

고인돌 축제를 다시 시작하고 우리나라의 대표적인 선사문화 축제로 육성해야 한다. 공설운동장과 하니움 일원에서 치러진 음식문화행사는 축제가 아니라 경연대회가 불과하며, 외지인의 방문과 관광 구매력이 부족하다. 고인돌공원의 체계적인 정비와 활용 및 축제의 활성화 등을 통해 화순 문화관광의 새로운 전기가 마련되기를 기대해 본다.

고인돌공원 외에 화순의 여러 지역에 산재되어 있는 고인돌과 관련 유적 역시 정비할 필요가 있다. 먼저 화순읍 대리 배바위, 벽라리 화순역 앞, 능주면 내리 · 남정리, 도곡면 대곡리 · 쌍옥리, 도암면 운월리 · 도장리 고인돌, 남면 벽송리 고인돌을 정비했으면 한다.

이들 고인돌 유적을 세계문화유산 고인돌공원과 연계하여 화순을 한반도 지석묘 문화의 센터가 될 수 있게 '전남 고인돌'의 대표성과 상징성을 부각시켜 관광거점으로 육성할 필요가 있다.

국보 제143호인 도곡면 대곡리 청동유물 출토지 인근의 칠성바위군고인돌 7기을 포함하여 주변 4개 마을내대곡, 외대곡, 중대곡, 효자촌에 산재한 70여 기의 고인돌이 주변 택지 개발농어촌공사과 농경지 개발, 도로 개설 등으로 훼손될 우려가 높다. 이를 체계적으로 보존하고 세계문화유산과 연계하여 선사공원으로 조성될 수 있는 방안도 마련할 필요가 있다.

비봉산성 정비와
고분 탐방로 조성

　　　　　　　비봉산성은 능주면 남정리와 도곡면 대
곡리 일대의 해발 195.5m 비봉산의 정상과 허리를 감아돌아 만들어
졌다. 비봉산성은 문헌기록이 남아 있지 않아 정확한 축조 시기와 배
경을 알 수 없지만, 최근의 지표조사 결과 삼국시대 혹은 통일신라 때
에 축조된 것으로 밝혀졌다.

　비봉산성은 비봉산의 자연지형을 이용한 테뫼식 산성으로 전체 길이
는 925m 정도이다. 성벽은 능선이나 절벽 등을 이용하여 축조하였다.
주변의 자연석을 잘 가공하여 정연하게 축조된 모습이 남아 있다.

　비봉산성의 성벽은 해발 170~220m 일대에 분포하는데, 현재는 서
벽과 북벽이 보존되어 있다. 동벽은 안산 정상부로 가는 능선을 가로

지르면서 능선의 경사면과 돌출된 구릉 평탄부를 이용하였다. 성벽은 가파른 능선의 허리를 가로질러 축조하였으며, 완만한 산기슭의 평탄한 곳에는 부분적으로 5~6단의 돌을 쌓았다. 서벽은 나지막한 봉우리에서 비봉산 정상부로 연결되는 가파른 능선을 깎아낸 뒤 가공한 자연석을 양쪽에서 축조하였다.

또한 남벽은 안산 정상부에서 나지막한 봉우리로 연결되는 능선인데 경사면을 깎아낸 뒤 양쪽에 자연석을 이용하여 축조하였다. 북벽은 안산으로 올라가는 능선 상에 있는 계곡과 절벽을 이용하여 가파

비봉산성의 성벽 전경

른 능선사면에 3~4단의 돌을 쌓아 축조하였으며, 북벽 안쪽에는 오래된 절터가 남아 있다.

비봉산성의 문지와 건물지 두 곳이 있고, 우물은 폐사지 근처에 있는데, 해발 180m 지점이다. 건물지 주변에서는 회청색 경질 기와편과 암갈색 토기편, 백자편 등이 출토되는 등 조선시대까지 산성의 기능을 했음을 보여 준다.

비봉산성의 정상에 오르면 도곡면과 능주면의 전체 지역이 눈앞에 펼쳐지며 멀리 화순읍까지 전망된다. 화순천과 지석천이 합류되어 영산강 본류를 향해 흘러가는 샛강의 모습이 억새와 함께 겨울의 정취를 자아낸다. 비봉산성의 정상에 서면 능주 일원의 방어와 영산강 상류를 통제하기 위해서 만들어진 모습이 한눈에 들어온다.

현재는 비봉산에 위치하여 비봉산성으로 불리지만, 예전의 이름은 무엇이었을까 궁금하다. 능주의 삼한시대와 삼국시대 지명이 여래비리국如來卑離國과 잉리아현仍利阿縣이었던 사실을 고려하면 여래비리성 혹은 잉리아성이었을까, 통일신라시대 능주의 지명을 따라 능성으로 불렸을까, 아니면 우리가 기억하지 못한 비봉산의 옛 이름을 따랐는지 알 수 없는 형편이다. 다만 능주의 요충지에 위치해 유사시에 입성하여 방어나 역습 등의 전술을 수행할 수 있는 전형적인 배후산성으로 짐작될 뿐이다.

지금은 옛 이름을 잃어 버렸지만 산성의 실체와 성격을 규명하고 정비 혹은 복원하기 위해 학술 발굴을 실시하여, 영산강 상류 지역 고대 산성의 성격과 지역문화의 성격을 밝힐 필요가 있다.

비봉산성 복원은 많은 예산이 소요되기 때문에 화순군 예산만으로는 추진하기 어려운 실정이다. 전라남도에서 현재 추진중인 영산강 유역 특정 지역 개발사업과 연계하여 연차적인 시행이 필요하다. 비봉산성을 정비 복원하여 영산강 상류의 관광거점으로 활용했으면 한다.

지석강변의 넓은 평야를 바라보는 비봉산성은 인근의 대곡리 청동유물 출토지, 비봉산 자락의 비지정 고인돌군 유적, 인근의 세계문화

능주 천덕리고분 전경, 민가 뒤편에 자리한다.

유산 화순고인돌군 유적과 연계하면 문화재 활용에 따른 개발효과 역시 클 것이다.

또한 비봉산성과 지리적으로 인접한 대신리−효산리 고인돌공원을 연계하는 등산로를 조성했으면 한다. 외지 탐방객들이 풍광이 수려한 비봉산에 올라 유적 답사의 정수를 만끽하고, 1시간 거리의 가벼운 등산을 할 수 있도록 산성의 정비와 복원에 앞서 탐방로를 조성하면 어떨까 한다.

능주 일원의 고대 역사와 문화를 상징하는 유적은 비봉산성 외에 삼한 및 삼국시대의 고분을 들 수 있다. 능주 지역의 고분은 기념물 제192호로 지정된 능주 천덕리고분3기과 문화재자료 제235호로 지정

능주 관영리고분 전경

된 능주 관영리고분이 잘 알려져 있다. 최근 내평리고분, 백암리고분, 연양리고분 등이 확인되기도 하였다.

능주 일원과 주변 지역에 산재되어 있는 여러 문화유적을 종합적으로 조사하여 성격을 파악하고 일괄적으로 문화재로 지정하여 복원과 정비에 만전을 기했으면 한다.

여러 고분과 유적을 연결하는 고분 탐방로를 개설하고, 도로변에 능주지방의 특산품인 배와 복숭아, 자두나무 등을 식재하여 지역 특산품과 역사유적이 함께 하는 특색 있는 탐방로를 조성했으면 한다.

도곡 대곡리
청동유물 출토지 정비 복원

대곡리 유적은 1971년에 발견된 청동기 시대의 여러 유물이 일괄적으로 확인된 곳으로 널리 알려져 있다. 세형동검과 팔주령을 비롯하여 도합 6종 11점이 국립광주박물관에 소장되어 있으며, 1972년 3월 2일 국보 제143호로 지정되었다.

대곡리 유적은 구재천具在天 씨가 집 바깥에 배수로를 설치하다가 발견하였다. 유적과 유물의 발견 경위를 보면, 구재천 씨가 북쪽 담장 밖으로 떨어지는 낙수 때문에 물이 고이자 배수로를 확보하기 위해 삽과 곡괭이로 땅을 파면서 드러나게 되었다.

곡괭이로 땅을 계속 파는데 속이 비어 있는 듯한 텅텅 소리가 났으며, 고철 같은 희한한 물건들이 줄줄이 나왔다. 집주인은 아무 생각

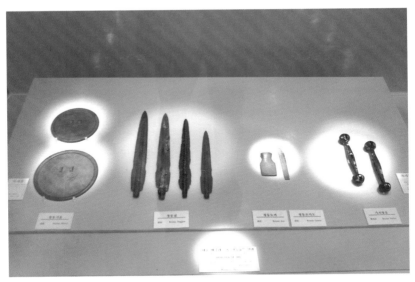

없이 며칠 뒤 엿장수에게 이 고물을 팔았으며, 물건을 건네받은 엿장
수가 예사롭지 않다는 생각이 들어 곧바로 전남도청에 신고하여 발굴
조사에 이르게 되었다.

대곡리 유적에서는 국보 제143호로 지정된 청동 예기禮器 11점이
출토되는 등 유물의 수량이 많고 종류가 다양한 편에 속한다. 또한 유
물 출토지의 상황을 조사한 결과 적석목곽분에 속한 무덤의 구조가
남아 있어 연구가치가 매우 높다. 전남 지역에서 세형동검을 비롯한
세문경, 동과, 동모, 영패류 등 일괄 출토된 청동기 유적은 화순 대곡

리와 함평 초포리 유적이 대표적인 것으로 알려져 있다. 그 외에 영암 신연리에서 동모와 동제검파두식, 나주 청송리에서 세형동검, 고흥 소록도에서 조문경, 석부, 석촉 등이 출토되었다.

또한 함평 월산리와 장흥 학송리에서 동과, 강진 치흥리에서 동모가 출토되었고, 영암에서는 세문경, 동모, 세형동검 등이 출토된 것으로 전해지고 있다. 그런데 전남지방의 경우 세형동검 등 후기 청동기시대 유물은 함평, 화순, 영암 등 영산강 유역의 중·하류 지역에서 주로 확인되고, 앞선 시기의 비파형동검 등 초기 청동 유물은 보성강 유역과 남해안 지역에서 출토되어 지역 간의 차이가 나타난다.

영산강 유역은 우리나라 청동기 밀집 출토 지역의 하나이며, 영암에서 출토된 것으로 전해진 용범은 청동기가 자체 생산되었음을 입증한다. 전남 지역은 송국리松菊里 유형의 문화에 기반한 토착사회가 세형동검문화를 받아들이며 초기 마한사회의 중심지로 부상되었다.

마한은 삼한 가운데 가장 이른 시기에 한반도 서남부 지역을 중심으로 형성되었고, 그 맹주적 지위를 차지한 선진세력이었다. 마한은 진한, 변한에 비해 인구도 많고 세형문화 단계에서는 정치·문화적 발달 정도도 선진적이었다.

금강 유역과 영산강 유역을 중심으로 정치적 권위와 경제적 부의 상징인 청동제품이 다량으로 부장된 분묘 유적들이 집중 분포되어 있는 것이 이를 뒷받침한다.

BC 2세기가 되면 금강 유역뿐만 아니라 영산강 유역에도 청동방울과 세문경, 동과 등이 부장된 당대 최고위 사람들이 묻힌 무덤이 등장하게 된다.

팔주령 등 방울류는 샤먼原始宗教主宰者의 무구巫具로 추정되고, 세형동검 등 무기류는 권력을 소유한 집단의 상징성을 띠고 있다. 이들 무덤에 묻힌 사람은 의기와 병기를 바탕으로 주민에게 강제력을 구사하는 최고 권력자로서 제사와 정치를 관장하였던 인물로 짐작된다.

권력층의 위상을 보여 주는 유물은 세형동검과 팔주령 외에 광주 신창동 유적에서 확인된 사례를 들 수 있다. 또한 세형동검과 관계가 있는 적석목관묘가 서북한, 동북한 그리고 일본 규슈 지역에도 분포되어 있는 것으로 볼 때 세형동검문화의 원거리 연결망이 형성되었음을 알 수 있다.

그리고 BC 2세기 후반대로 내려오면 세형동검이 부장된 영산강 유역의 적석목곽묘에서 출토된 청동 유물의 종류와 양은 금강 유역을 앞서기도 한다. 이는 마한의 중심세력이 금강 유역에 국한되지 않고 영산강 유역으로도 확대되었음을 의미한다. 대곡리 유적은 우리 화순을 비롯한 전남 지역이 세형동검문화 단계에 이르러 충청 지역과 더불어 문화 선진지대로 부상한 사실을 보여 주고 있다.

대곡리 유적은 최근에 이르러 36년 만에 국립광주박물관이 다시 발굴하여 무덤 구조를 확인하였고, 1차 발굴에서 빠뜨린 유물을 수습하

대곡리 유적 근경

였다. 매장시설은 풍화한 암반층을 파내고 마련했다. 묘광墓壙은 상하 2단으로 파내는 방식으로 조성한 것으로 밝혀졌다.

상층 1단은 동서 330cm, 남북 280cm의 평면 방형에 가까웠으며, 깊이는 동쪽 기준 85cm 가량이었다. 그 안에는 또 하나의 좁은 묘광이 있었는데 규모는 동서 230cm, 남북 105cm, 깊이 65cm인 평면 장방형이었다.

묘광 바닥면에서는 목관 바닥면 흔적이 관찰됐다. 그 범위는 동서 115cm, 남북 40cm 안팎이었으며 서쪽 끝부분에서도 일부 목관의 흔적이 드러났다. 목관을 놓았던 외곽 중 북쪽에서는 25cm 내외의 깬돌을 일렬로 쌓았음이 밝혀졌다. 이들 채움돌과 목관 사이에는 두께 10cm 안팎의 회백색 점토가 발견됐다.

대곡리 유적은 역사적 중요성에도 불구하고 현장 보존과 유적 관리에서 심각한 문제점을 안고 있다. 유적 현장은 버려진 창고와 함께 시멘트 도로가 덮여 있고 주변은 쓰레기장으로 변해 있다. 또한 조사 결과에서 드러났듯이 폐창고를 암반층을 파내고 축조하여 유적 지형을 심하게 훼손시키는 등 문화유적 보존이 얼마나 허술했는지를 단적으로 보여 준다.

대곡리 유적의 보존과 관리 상태는 우리 지역 문화 행정의 현실을 되돌아보는 반성의 계기로 삼아야 할 것이다. 대곡리 유적의 체계적 관리와 유적 보존 및 성격 규명을 위한 학술조사와 활용방안 마련이 시급하다. 특히 유적지 입구 고인돌군 7기 및 주변 유물 산포지와 연계하여 조사할 필요가 있다.

유적 조사를 통해 성격과 실체가 드러나면 인근 지역을 매입하여 유적공원으로 조성하고, 기념관 혹은 박물관을 조성하여 관광지로 활용했으면 한다. 또한 박물관 조성은 대곡리 유물 외에 고인돌공원과 고분 등에서 출토된 유물을 함께 전시하면 어떨까 한다. 그 외에 화순 관내에 속한 운주사와 쌍봉사 등의 유적과 유물을 함께 활용할 수 있는 복합전시관의 설치도 고려해 볼 필요가 있다.

운주사 와불의
현재적 의미와 관광지 조성 방향

　　　　　　　　도암 운주사는 원형다층석탑 및 9층석탑,
석불감쌍배불좌상 등 국보와 보물 3기가 위치하며, 사찰 일원이 국가
지정 문화재로 지정되어 있는 등 화순의 문화유산을 대변하는 곳이
다. 황석영 작가의 '장길산'의 활동 무대와 드라마 '추노'의 촬영장
소로 선정된 것을 계기로 전국적인 관광명소로 각광받고 있다.

　운주사의 창건은 신라 말의 고승이었던 도선국사가 세웠다는 주장
이 널리 알려져 있다. 또한 신라의 고승인 운주화상이 돌을 날라다주
는 신령스러운 거북이의 도움을 받아 만들었다는 설도 있고, 마고할
미가 지었다는 이야기도 전해져 온다. 그러나 운주사의 유적과 불상
양식이 주로 12~13세기에 조성된 것으로 밝혀져 도선국사와 운주화

운주사 전경, 김병택

운주사 불상과 석탑, 정태관

상이 살던 9세기와는 연대적으로 맞지 않는다.

구름이 머무는 곳이었던 운주사雲住寺가 배를 움직이는 운주사運舟寺로 된 데에는 도선국사의 풍수비보설과 관련이 있다. 도선은 우리나라 지형을 배의 형상으로 보고 배의 중심에 무게가 실려야 안정된다고 하여 이곳에 천불천탑을 세웠다는 것이다.

또한 산이 많은 영남에 비해 호남은 산이 적으므로 배가 동쪽으로 기울어 일본으로 땅의 정기가 빠져나가는 것을 막기 위해서 하룻밤만에 천불천탑을 세웠다는 이야기도 전해진다.

한편 운주사는 미륵신앙과 관련된 설이 널리 퍼져 있는데, 미륵신앙이 광범위하게 유포되었던 조선 후기로 추정되고 있다. 미륵신앙은 운주사 불상들의 파격적인 모습에서 민중들이 미륵이 도래하는 용화세계를 기원하며 천불천탑을 세운 데서 기인했다.

그러나 운주사의 창건 시기와 배경을 알려주는 문헌 사료는 거의 없고, 조선 초기에 편찬된 〈신증동국여지승람〉에 "雲住寺在千佛千塔之左右山背石佛塔名一千又有石室二石佛像異座"라는 기록이 전해져 현존 석불석탑의 유래를 짐작할 수 있다.

운주사 경내의 많은 석불과 석탑은 조각수법이 투박하고 정교하지 않은 특징을 보이는데, 조성 연대는 고려 중기에 해당하는 12세기 전후로 보고 있다. 또한 운주사는 여러 가지 신비로운 창건 설화에도 불구하고 하룻밤 혹은 일시에 이루어진 것이 아니라 오랜 기간을 두고 계속되지 않았을까 한다.

운주사는 조선시대에 들어 1495년연산군 1년에 중창된 사실을 알려주는 암키와국립광주박물관 소장가 조사되었다. 이 암키와가 제작된 연도는 홍치弘治 8년으로 기록되어 있어 연산군 때에 해당된다. 또한 암키와에 조각된 글씨는 원래 절 이름이 운주사運舟寺가 아니라 운주사雲住寺였다는 것을 알려주고 있다. 절 이름은 구름이 머물던 운주사雲住寺에서 비보사상과 풍수지리설 등의 영향으로 배를 움직이는 운주사運舟寺로 부르게 되었다.

운주사 불상, 박득규

　운주사는 임진왜란 때 법당과 석불 및 석탑이 대부분 훼손되어 폐사로 남아 있다가, 1918년에 16명의 시주로 중건되기에 이르렀다. 또한 1942년까지는 석불 213좌와 석탑 30기 등이 존재하였지만, 지금은 석탑 12기와 석불 70기만 남아 있어 아쉬운 마음을 금할 길이 없다. 크기는 10m 이상의 대불에서부터 아주 작은 소불에 이르기까지 다양하고 투박한데 사실적이며 친숙한 모습이 특징이다.

　운주사의 대표적인 문화유산은 연화탑, 석조미륵불, 9층석탑, 석조불감, 원형다층석탑, 와불 등을 들 수 있다. 이들 석탑의 모양이나

무늬의 표현방식은 매우 독특하여 3층, 5층, 7층, 9층 등 층수도 다양하다. 둥근 공 모양의 원형탑이나 호떡 모양의 돌을 올려놓은 듯한 원판형탑 등 특이한 모양의 탑도 있다. 또한 탑들의 몸돌에는 'X', '◇', '川'과 같은 기하학적 무늬가 새겨져 있을 뿐만 아니라 유래를 알 수 없는 수수께끼로 가득 차 있다.

　운주사의 전체 모습을 한눈에 보려면 대웅전 뒤편에 위치한 산을 따라 공사바위로 오르면 된다. 천불천탑을 조성할 때 감독을 총괄하던 사람이 바위에 앉아서 내려다보며 지시를 했던 곳이라 하여 공사

운주사 와불 전경

남 도 역 사 문 화 기 행 _ 화 순 편

바위라는 이름이 전해진다. 공사바위를 내려서면 암벽에 새겨진 마애불과 부부처럼 보이는 불상들이 자리한다.

운주사의 백미는 잘 알려진 길이 12m, 너비 10m의 바위에 새겨 만든 와불臥佛이 아닐까 한다. 운주사 서쪽 언덕 너른 바위에 새겨져 있는 와불이 일어나면 모질고 험난한 세상이 개벽開闢되고 천년의 태평성대가 도래한다고 한다.

정호승 시인은 운주사 와불을 보고 '풍경 달다' 라는 시를 지었는데 누워 계시는 부처님의 모습을 정감 있게 표현하였다.

> 운주사 와불님을 뵙고 돌아오는 길에
> 그대 가슴의 처마 끝에 풍경을 달고 돌아왔다
> 먼데서 바람 불어와 풍경 소리 들리면
> 보고 싶은 내 마음이 찾아간 줄 알아라.

도선은 유감스럽게도 천불천탑을 하룻밤에 세울 때 맨 마지막으로 와불을 일으켜 세우려고 하였으나, 공사에 싫증난 동자승이 닭이 울었다고 거짓말을 하여 불상을 세우지 못하였다. 와불을 세워 우리 모두가 열망하는 '자유와 인권, 민주주의 그리고 정의가 강물처럼 흐르는 사회'를 만드는 것은 현대인의 몫으로 남은 셈이다.

운주사는 오늘도 오랜 세월 따가운 햇볕과 비바람을 견뎌 온 불상

운주사 불상, 목판화(김영만)

과 석탑들이 경외감을 자아내며 삶에 지친 나그네들을 맞이하고 있
다. 운주사를 돌아나오며 웅장한 일주문과 근래 들어 조성된 여러 채
의 건물을 보며 아쉬운 점도 없지 않다.

　옛 사진에 남아 있듯이 고즈넉하고 정감이 서려 있는 우리네 농촌 마
을의 논밭 가운데 불상과 석탑이 그대로 남아 있었다면 더 좋지
않았을까 하는 생각이 든다. 그러나 운주사는 화순을 상징하는 문화유
산 중의 한 곳이며, 전국적인 관광명소로 부각되고 있는 점도 부인할
수 없는 사실이다. 이제 손을 대고 인공을 가미하여 현재의 규모 있는

사찰을 만들었으니 전국 최고의 멋들어진 관광명소로 육성했으면 한다.

운주사 관광지 조성은 화순군 내의 여러 사찰, 온천, 세계문화유산 고인돌 등 관광지와 연계된 주말 휴양, 역사문화유적 탐방 등 체험 및 체류형 관광지로 개발하여 지역경제 활성화를 도모하는 데 이바지할 수 있다.

현재 화순군에서 추진하고 있는 관광지 조성을 더욱 내실 있게 추진하여 광주 근교권의 주말관광 및 자연탐방 기능을 수행할 수 있는 관광지로 개발했으면 좋겠다.

사계절 관광지 특성에 부합되는 기능을 적정하게 배분하고, 경유형 관광지로서 편익 및 휴식문화 공간을 조성할 필요도 있다. 그 외에 관광객을 위한 상가 및 음식점이 입지할 수 있는 편익시설을 설치하여 지역주민의 소득 향상과 지역발전에 기여했으면 한다.

또한 용강리 저수지에서 산을 넘어 운주사로 연결되는 옛 진입로를 활용하여 아시아 각지의 불상과 석탑을 조성하는 문화도로를 만들면 어떨까 하는 생각이 든다.

불교 신자들은 사찰 조성과 관련 건축물 개축에 재물을 아끼지 않고 시주하는 독실한 마음을 갖고 있다. 여러 나라의 신자와 종교 기관으로부터 불상과 석탑 등을 기증 혹은 희사받는다면 결코 어려운 일이 아닐 것이다.

호남의병과 쌍산의소

이양면 계당산 일대에는 한말 의병활동
이 절정에 이르렀을 때 일본군에 맞서 싸운 쌍산의병의 여러 유적이
남아 있다. 예로부터 계당산 일대는 쌍산, 쌍봉 또는 쌍치라 불리었는
데, 이것에서 유래하여 '쌍산의소雙山義所'라는 이름이 붙여졌다.

쌍산의소는 구한말 의병들이 왜병에 대항하여 전투를 준비하던 창
의소創義所 터로 당시 호남의병뿐만 아니라 한말 의병운동을 찬란하게
빛낸 유적이라 할 수 있다. 다른 지역의 관련 유적이 별로 남아 있지
않은 상태에서 쌍산의소는 의병운동 연구의 핵심적인 위치를 차지하
고 있다. 의병들은 일제에 늘 쫓기는 처지에서 영구적인 시설을 만들
기보다는 자연동굴이나 산성, 사찰, 재실 등 이미 지어진 건물을 이용

하였다. 따라서 당시 의병이 남긴 독자적인 유적을 발견하기 어려운 실정이다. 그 반면에 이양면 계당산 일대의 쌍산의소는 거의 완벽한 의병 유적지로 남아 있다.

쌍산의소에는 무기 및 탄약을 공급하는 무기 제작소와 유황 저장고 인 유황굴, 의병 방어시설인 의병성義兵城의 흔적이 남아 있다. 이는 대규모 의병들이 주둔하여 스스로 무기를 만들어가며 일본군에 대항 하였음을 보여 주는 증거이다.

무기 제작소에는 축대 위에 철을 녹이는 용광로의 벽체와 쇠부스러

쌍산의소 막사터

기들이 흩어져 있다. 이곳에서 약 4km 정도 떨어진 보성군 복내면 화정동에 있는 철광산의 철광석을 운반하여 무기를 만들었던 것으로 보고 있다. 의병성은 높이 약 80cm 정도의 돌들이 돌담 모양으로 길게 쌓여 있으며, 내부에는 원형 또는 사각의 낮은 돌담들이 불규칙하게 늘어선 막사터가 모여 있다. 의병성과 막사터로 보아 이곳이 쌍산의병의 진지였음을 알 수 있다.

쌍산의소가 원형에 가까운 유적 상태로 보존되어 있는 까닭은 궁벽한 산중이라 외부와 단절되었기에 일제가 파괴하지 못하였고, 해방 뒤

에는 호남이 상대적으로 덜 개발된 탓으로 보존되었을 가능성이 높다.

쌍산의소에서 의병활동을 전개한 중심 인물은 양회일梁會一 의병장이었다. 그는 1856년 능주에서 태어났으며, 1906년 음력 10월에 가산을 정리한 후 창의하였다. 양회일은 쌍봉사 위쪽 증동甑洞 마을의 유지인 임노복林魯福의 협조를 받아 깊은 산중에 의병촌義兵村을 건설하였다.

증동은 조그만 마을이라 의병을 모두 수용할 수 없었고, 계당산 골짜기에 막사를 세워 일부 의병이 기거하였다. 또한 활용동혹은 杜陵洞에도 일부 의병이 주둔하였다. 당시 계당산 일대로 모여든 의병들은 화순은 물론 보성, 정읍, 남원, 구례, 순창 출신들이 많았다.

양회일은 장성의 기삼연, 담양의 고광순과 연계하여 각자 고향을 배경으로 동시에 창의하기로 결의하였다. 이들은 일제의 시선을 분산시켜 의병항쟁을 효과적으로 펼치고자 하였다.

쌍산의병 진영은 증동마을을 거점삼아 활발한 의병운동을 펼쳤으나, 도마치板峙, 현재의 너릿재 전투에서 왜군에 패하여 해체되고 말았다. 양회일과 임창모는 15년형, 안찬재, 유태경, 신태환, 이윤선 등은 10년형을 선고받고 신안 지도智島에 유배되었다가 그해 12월에 특사로 풀려났다. 이들은 1908년 재차 의거하여 강진 등지에서 활약하다가 양회일은 다시 체포되었다. 양회일 의병장은 장흥헌병대에 구금되어 7일 동안 단식투쟁을 하다가 1908년 7월 22일 옥중에서 순국하여 항일투쟁에 빛나는 민족사의 큰 별이 되었다.

현재 쌍산의소는 사적 제485호로 지정되어 관리에 만전을 기하고 있다. 그러나 당시 발굴조사 등을 바탕으로 확인된 유적의 일부만이 지정되어, 문화재 주변의 역사문화 경관이 주택 등 건축행위, 유구훼손 등으로부터 제대로 보호되지 못하고 있는 실정이었다.

다행스럽게도 최근에 이르러 문화재청이 쌍산의소 주변의 역사문화 경관을 체계적으로 보존하기 위해 문화재보호구역으로 추가 지정하였다. 늦은 감이 없지 않지만 화순군과 협조하여 효율적인 관리 및 정비, 활용방안을 마련해 나갈 계획이라니 천만다행이다.

쌍산의소가 자리한 증동마을

쌍산의소의 정비와 현장 복원도 중요하지만 문화유산을 민족정신 고양과 후세교육의 산교육장으로 활용할 수 있는 방안도 검토했으면 한다. 화순군은 쌍산의소 설치 100주년을 맞이하여 의병 본부가 있던 막사와 총검을 만든 대장간, 화약을 채취한 유황실, 사격훈련장, 망대 등 의병 유적을 복원하려는 계획을 세운 바가 있다.

예산 조달이 쉽지 않아 잠정 중단했다고 하니 적지 않은 아쉬움이 남는다. 방만하게 운영되고 있는 소모성 예산과 다른 낭비 요소를 줄여 쌍산의소 복원 및 정비 개발계획을 효과적으로 추진했으면 한다.

능주 영벽정에 올라

　　　　　　　　능주 연주산 아래를 흐르는 지석강 상류
부근에 영벽정이 위치한다. 영벽정 부근의 지석강을 영벽강으로 부르
기도 한다. 영벽정은 주변 경관이 아름다운 경승지에 있기 때문에 행
락객들이 널리 이용하고 있다. 이곳의 풍광도 수려하지만 가장 백미
는 영벽정 건물 자체라고 할 수 있다.

　영벽정은 전남 문화재자료 제67호로 지정되어 있는데, 계절 따라
변모되는 연주산의 경치가 맑은 지석강에 투영되어 운치 있게 바라볼
수 있다 하여 붙여진 이름이다.

　영벽정의 건립 연대는 확실하지 않으나 김종직金宗直, 1431~1492년과
양팽손梁彭孫, 1488~1545년의 시문詩文이 있어 조선 초기에 세워진 것으

영벽정의 봄, 김병택

영벽정의 여름, 정태관

로 보인다. 1632년인조 10년에 능주목사 정연鄭沇이 고쳤는데, 영벽정
은 개인이 건축한 다른 정자와는 달리 능주목이 주체가 되어 관청 주
도로 건립되었다.

　능주 고을을 지나가는 시인묵객들이 즐겨 찾는 공간이었으며, 신임
과 이임 목사들의 영송연회迎送宴會가 베풀어져 영전과 좌천의 희비
喜悲를 잔에 담아 영벽강 강물에 띄웠을 것이다.

　영벽정은 2층 팔작지붕에 기와를 얹은 건물로 정면 3칸, 측면 2칸
의 누각형을 이루고 있다. 기단 위에 주춧돌을 넣고 원형기둥을 세운

영벽정에 걸린 김종직의 시가 기록된 현판

다음 이 기둥 위에 마루를 깔아 중층 누각형 정자를 만들었다. 마루의 사방에는 계자난간鷄子欄干을 돌려 장식하였고, 처마 밑에는 활주를 세웠다. 누 위의 기둥머리에는 익공翼工 형식의 공포栱包를 하였고, 천장은 연등 천장이나 중앙부는 우물 천장을 설치하였다. 지붕을 세 겹으로 한 것은 드문 사례에 속한다.

영벽정은 1872년고종 9년에 화재로 인해 소실되었다. 다음 해에 능주목사인 한치조韓致肇가 중건하였고, 1920년 군민의 출연으로 중수하였다. 그 후 또다시 1931년에 화재로 모두 불타버렸으나 여러 차례에

영벽정 앞에 세워진 능주목사 한치조의 영세불망비

남 도 역 사 문 화 기 행 _ 화 순 편

걸친 중수와 보수를 거듭하다 1988년 해체 복원하였다.

정자 옆에는 한치조의 영세불망비永世不忘碑와 중수기념비 등 3개의 기념비가 세워져 있다. 밑층은 원래 나무기둥을 사용했으나 복원할 때 오래 보존하기 위해 화강석 기둥으로 바꾸었다.

기둥과 기둥을 이어주는 도리에는 용틀임을 하는 용의 화려하고 섬세한 문양을 새겼고, 천장에는 연꽃 문양과 우물# 장식으로 멋을 부렸다. 다만 불가佛家의 상징인 연꽃이 소박하고 담백한 소통과 풍류의 장소였던 정자와는 어울리지 않아 보인다. 영벽정은 양반과 아전들의 풍류와 유희를 위한 공간으로 만들어졌으나, 능주의 문화와 역사를 고스란히 간직하고 있는 중요한 문화유적이다.

정자 안에는 시인묵객들의 시문을 적은 8개의 편액이 걸려 있다. 이들 시문에는 김종직, 조광조, 양학포, 정철, 김윤후, 윤용구, 충무공 이순신, 허련, 서재필, 박영효 등의 체취가 깊게 남아 있다.

다음은 점필재 김종직과 학포 양팽손이 남긴 시문이다.

영벽정에 부쳐

연주산 위에 뜬 쟁반 같은 달이여

바람 잠든 수풀에는 이슬만 차갑구나.

하늘에 가득한 모두 지나가고

태평세월에 병영의 초소 찾아 무엇하랴.

일년에 중추가 좋은 줄 이제야 알랴만

나그네의 이 밤이 이토록 즐거운 줄 그 뉘가 알리

우리는 이제 서쪽 바다로 갈 것인데

손가락 끝으로 장차 게의 배꼽이나 뼈개리라.

영벽정에 부쳐

옛부터 태평하였으니 어찌 형상이 없을소냐

백리길 상마가 무성하니 우리 후손들 편안하네.

눈앞 푸른 산봉우리 성곽을 이었으니

이를 진정 이 정자가 있었구나.

   영벽정은 능주 사람과 이곳을 왕래하는 수많은 사람들의 정취와 애환, 그리고 낭만이 서려 있다. 영벽정은 정자亭子라기보다는 누각樓閣이라고 해야 할 것 같다. 계단을 타고 오를 수 있도록 높은 곳에 세워져 있는데다 양반들의 연회 장소로 이용되면서 비교적 규모가 크기 때문이다. 정자는 강변이나 빼어난 경치 주변에서 시인묵객들이 휴식을 취하는 장소로 사용되어 차이를 보인다.

   봄이 오면 연주산을 붉게 수놓은 진달래가 지석강을 붉게 물들이고, 여름에는 강변을 따라 가지를 늘어뜨린 버들잎의 녹음이 강물과 함께 흐른다. 영벽정과 어우러진 연주산의 경치는 능주팔경綾州八景

중에서 2경으로 꼽힌다. 영벽정의 봄놀이映碧賞春와 연주산의 풀피리珠山樵笛는 예로부터 능주의 절경으로 알려져 있다.

　영벽정은 능주를 비롯한 화순 사람만이 아니라 여러 지역에서 많은 인파가 밀려드는 관광지와 휴양지로 거듭나고 있다. 그러나 지석천 정비와 영산강 살리기 사업이 일부 미진한 채로 남아 있어 아쉬운 바가 적지 않다. 또한 영벽정 공원화 사업은 생태공원과 체육공원 조성을 통해 지역경제 활성화에 기여했으면 한다.

동면 탄광 지역 개발과
생태박물관 건립

　　　　　　　　지난 한 세기 동안 화순 경제의 중추적
인 역할을 하던 탄광이 점차 사양길로 접어들어 아쉬움이 크다. 우리
화순은 1980년대 중반까지만 해도 20여 개의 광산이 운영될 정도로
광산촌이었다.

　그러나 석유시대의 도래와 외국의 값싼 유연탄이 들어오면서 석탄
은 경쟁력을 잃게 되었고, 정부의 석탄산업 합리화 정책으로 화순 지
역의 광산도 하나 둘 폐광되기 시작하여 석탄공사 화순광업소 1개소
만이 운영되고 있다.

　화순 지역은 호남정맥이 지나가는 곳으로 호남정맥을 중심으로 석
탄광산이 발달해 있다. 화순의 석탄은 〈동국여지지〉와 〈대동지지〉에

화순탄광 광산 종사자 추모비, 사진(홍진석)

'흑토점黑土岾'이 현 동쪽 25리에 있다고 표기되어, 과거로부터 겉으로 드러난 토지에 석탄이 노출되어 있었던 사실이 유추된다. 화순탄광의 역사는 1904년으로 거슬러 올라간다.

박현경에 의해 동면 복암리 일대의 석탄이 확인되었고, 그 이듬해 우리나라 사람 최초로 석탄광업권을 획득하였다. 박현경은 1908년 채탄을 시작하였으며, 상업성이 떨어져 채탄을 중단했다가 1927년 일본 지질학자의 조사 결과 무연탄과 토상 흑연광상이 있음이 밝혀져 본격적인 채탄에 들어갔다.

화순 지역은 탄광노동자가 밀집하여 격동의 한국 현대사 속에서 큰 아픔과 질곡을 겪기도 하였다. 1945년 9월 8일 인천에 상륙한 미군은 군정에 들어갔으며, 시찰단의 임무를 띤 미군이 야전복 차림으로 전남에 들어온 것은 1945년 9월 10일이다.

미군은 제6사단 20보병 연대를 파견하였는데, 61중대가 장흥에 본부를 두고 나주, 보성, 화순, 고흥 지역을 관할했다. 미군정은 행정과 치안 등 도정 일체를 인수받은 즉시 인민위원회의 무조건적인 해산에 들어갔다. 노동자들이 직접 광산을 접수하여 자주관리운동을 펼치던 화순탄광은 중점관리 대상이었다.

미군정은 12월 6일 군정법령 제33호 포고를 통해 일제가 남긴 국공유 재산뿐 아니라 사유재산까지 접수하겠다고 밝혔다. 자주관리운동에 대한 명백한 부정이었다. 미군은 탄광을 접수한 후 서울 출신 임성록을 소장으로 임명하였다. 미군은 간부 3명과 노동자 100명을 해고하는 등 노조의 무력화를 시도하였다.

탄광노동자들은 1946년 8월 15일 참고 참았던 분노가 폭발하였다. 8·15해방 1주년 기념식에 참석했던 화순탄광 노동자들이 너릿재 정상 부근에서 미군의 토끼몰이 진압으로 30여 명이 학살되고 500여 명이 부상당하였다. 당시 화순탄광 노동자들은 '완전한 독립'과 '더 많은 쌀 배급'을 요구하며 광주까지 어깨동무를 하고 행진했다가 참변을 당한 것이다.

일시적으로 수세에 몰렸던 노동자들은 10월 30일 오후 4시를 기해 총파업에 들어갔다. 총파업은 1,500여 명의 노동자가 참여했으며, '임금인상, 쌀배급 확대, 의복제공' 등을 요구했다. 일부 노동자들은 곤봉과 막대기, 돌 등으로 무장을 하기도 했다.

미군들과 노동자들이 대치하는 가운데 이날 오후 7시 30분부터 군정지사와 노동자 대표 간의 협상이 시작되어 다음 날 새벽까지 계속되었다. 그러나 협상은 체포노동자들의 석방을 둘러싸고 끝내 이견을 좁히지 못한 채 결렬되고 말았다.

11월 2일 노동자들이 재차 집단행동에 들어갔지만 별다른 충돌은 없었다. 그러나 4일 새벽 미군은 집단행동이 소강상태에 들어간 사이 마을을 습격하여 시위지도부 5명을 검거했다. 이 과정에서 미군의 총격으로 4명이 사망하고 25명이 부상당한 참담한 아픔을 겪게 되었다.

미군은 화순탄광을 폐쇄하고 광산 경비를 명목으로 국방경비대를 파견하였다. 노동자들도 미군의 진입을 막기 위해 주변 다리를 폭파하며 대항하였지만, 미군은 6일 새벽 재차 습격을 단행하여 99명의 광산노동자들을 체포하였다.

양측의 충돌 과정에서 저항하던 노동자 1명이 사망하였으며, 8일에 걸친 화순탄광 노동자들의 파업은 완전히 진압되고 일부 노동자들은 그 길로 입산해 빨치산 활동을 전개하기도 하였다.

화순탄광 노동자들은 1980년 5·18 당시에도 공수부대의 광주시민 살상에 맞서 광산의 다이너마이트와 화순경찰서의 무기고를 열어 광주시민군에게 전달하였다. 이에 한때 공수부대원들이 전남도청에서 퇴각하는 등 광주민중항쟁의 중요한 역할을 하였다.

　화순탄광은 전성기 때는 채탄원을 포함하여 직원이 1,669명을 헤아렸으나, 지금은 700명 남짓 일하고 있다. 채탄원 134명을 포함하여 탄광 안에서 일하는 사람은 300명 정도라고 한다.

　현재 화순탄광은 27만2,000톤을 생산하고 있는데 6만2,000톤은 20여 곳의 연탄공장으로 보내고, 21만 톤은 충남 서천 화력발전소에 공급하고 있다. 화순탄광은 대부분의 사업장이 폐쇄되면서 고용된 노동자와 생산력이 급감하는 등 지역경제에 큰 타격을 주고 있다.

　석탄생산이 정점에 달한 1980년대 중반 화순은 '지나가는 동네 개들도 끼니때마다 돼지고기를 먹을 정도'로 돈과 사람들로 넘쳐났다. 동면 천운마을의 탄광촌은 복지문화관, 극장, 석공연립주택, 광업소 부속병원까지 문을 열었고, 선술집과 이발소, 식당 등 위락시설 30여 곳이 잇따라 문을 열 만큼 호황을 누렸다.

　그러나 석탄산업의 쇠락 후 탄광촌은 많이 침체되었고 분위기마저 스산하다. 폐광 이후 폐광 지역에 대한 관리가 제대로 이루어지지 않아 하천과 토양이 중금속에 오염되어 물고기가 살지 못하는 등 오염 방지 대책이 시급한 상황이다.

최근에 이르러 과거에 탄광개발이 활발했던 대표적인 지역들이 석탄박물관을 설치하여 체험관광 명소를 만드는 등 역발상으로 새로운 변화를 시도하고 있다. 그러나 우리 화순에는 석탄박물관이 없을 뿐만 아니라 탄광과 관련된 종합적인 자료와 역사조차 정리되어 있지 않아 아쉬움이 크다.

화순이 강원도보다 탄광 지역으로서의 특성을 쉽게 어필할 수 있는 조건을 갖추었지만, 이를 간과하고 있어 아쉬운 면이 적지 않다. 그렇다고 하여 폐광된 다른 지역과 마찬가지로 석탄박물관을 건립하기에는 차별성과 관광객을 받아들일 수 있는 메리트에서 별다른 장점이 없는 실정이다.

그 대신 폐광 지역을 역사와 지질 환경을 포함하는 자연사박물관과 생태박물관을 유기적으로 결합할 수 있는 방안을 마련했으면 한다. 무등산의 옛길을 복원하고 있는 '무돌길 사업'과 연계하는 '화순탄광 및 무등산 생태박물관'을 만들었으면 한다.

생태박물관은 무등산권과 화순탄광 일대에 산재한 다양한 자연문화유산을 단순히 집적하여 전시하는 차원을 넘는 개념이다. 그 유산과 그것이 위치한 장소가 의미하는 바를 해석하고, 이를 통해 집단기억을 되살림으로써 광주와 인근 지역 주민의 문화적 정체성을 확립하는 의의를 가질 수 있다.

또한 생태박물관은 주민의 참여와 지역공동체의 복지·발전의 제고를 목표로 하기 때문에 건립과 운영을 통해 화순탄광과 무등산권 및 인근 지역의 문화민주주의 실현에 기여할 수 있다.

생태박물관은 화순탄광과 무등산이라는 장소의 의미를 상징적으로 보여 주는 기존의 건물을 재활용하여 건립할 수 있으며, 실내박물관과 노천박물관을 결합한 형태로 추진했으면 좋겠다.

무등산 규봉암에서
국립공원의 미래를 생각하다

　　　　　　　　　　　　이서면 영평리 장복동 마을에서 인적이
드문 등산로를 통해 한참 오르면 규봉암圭峰庵에 이른다. 규봉암은 화
순군 이서면 영평리 산 897번지에 위치하며, 무등산 동쪽에 자리하는
대한불교조계종 제21교구 본사 송광사의 말사이다.

　사람들은 무등산 하면 광주를 떠올리지만 행정구역상으로 볼 때 전
체 면적 115.8km² 중에서 광주 67.7km²58.5%, 화순군 25.0km²21.6%,
담양군 23.1km²19.9%를 차지하는 등 화순과 밀접한 관련이 있다.

　또한 규봉암과 인접한 곳곳의 우뚝 솟은 바위에는 화순和順과 동복
同福 수령들의 이름이 새겨져 있다. 무등산과 규봉암은 예로부터 화순
사람들이 아끼고 사랑하던 명소였던 것이다.

무등산 규봉암 전경

남 도   역 사 문 화   기 행 _ 화 순 편

규봉암 주변에는 은신대, 삼존석, 십이대, 광석대, 풍혈대, 설법대 등의 기암괴석이 자태를 뽐내고 있다.

규봉암은 명승비경으로 이름이 나서 신라와 고려시대의 고승들이 수도한 도량으로 알려져 있다. 규봉암의 창건 연대는 문헌에 보이지 않으나 의상대사가 창건하였다는 설화가 전해지고 있다. 또한 신라 말의 도선국사道詵, 827~898년는 은신대에 앉아 조계산의 산세를 살펴 송광사의 절터를 잡았다고 한다.

고려 후기의 보조국사 지눌普照知訥, 1158~1210년과 진각국사 혜심慧諶, 1178~1234년 역시 삼존석과 십이대에서 수도하여 득도하였다고 한다. 고려 말의 나옹선사 혜근懶翁惠勤, 1320~1376년도 이곳에서 수도했던 것으로 전해오고 있다.

규봉암은 신라와 고려시대의 이름 높은 고승들과 관련된 유서 깊은 수행 도량이었다. 조선 초기에 편찬된 〈신증동국여지승람〉에 의하면 '규봉암' 이라 하지 않고 '규봉사' 라고 기록되어 있다.

또한 조선 중기에 고경명이 지은 〈유서석록遊瑞石錄〉에 의하면 당시까지 신라의 명필 김생金生, 711~791년이 쓴 현판이 남아 있었다고 한다. 그 뒤 폐허가 되어 버린 절을 1729년영조 15년에 동복현 내서면 경산마을현재 이서면 월산3리 출신 연경演瓊스님이 3년 동안 불사를 하여 사찰을 중건했다.

그러나 6 · 25전쟁으로 인해 다시 10년 동안 황무지로 방치되어 폐사가 되었다가, 1957년에 주지 이한규가 대웅전과 함께 3동을 새로 지었다. 최근에는 정인正因스님이 주석하면서 1995년에 대웅전이 중건되었고, 1996년 8월 21일에는 관음전 낙성식 및 후불탱화 점안식이 이루어졌다.

규봉암은 돌기둥이 병풍처럼 둘러쳐진 터950m에 알을 품듯 절집이 들어서 있다. 관음전, 삼성각, 요사채 등 군더더기 없이 정갈한 풍경이다. 이곳에서 내려다보이는 이서 들녘은 바쁜 생활에 지친 사람들의 심신에 시원한 청량감을 선사해 준다. 무등산은 화순 사람들의 안식처요 평안함을 북돋아 주는 마음의 쉼터가 되고 있다.

백암마을과
둔동마을의 숲정이 풍경

　　　　　　　화순에는 아름다운 숲과 전통이 어우러
진 마을들이 있다. 도곡 천암리 백암마을과 동복 연둔리 둔동마을을
말한다. 백암마을 숲정이는 수백 년 된 노목들이 울창한 숲을 이루고
있다. 숲정이는 숲머리의 어원으로, 마을 근처에 있는 숲이 우거진 곳
을 의미한다.

　백암마을 숲은 조선 인종 때 남평문씨南平文氏가 마을 터를 잡으면서
생겨나기 시작하였다. 마을을 처음 만들던 사람들이 하천 범람으로
인한 피해를 방지하기 위해 제방을 축조하면서 하천변을 따라 나무를
심고 관리한 것이 현재에 이르게 되었다.

　백암마을 숲에는 수령이 100~400년 된 아름드리 푸조나무와 느티

도곡 천암리 백암마을 숲정이 전경

남 도 역 사 문 화 기 행 _ 화 순 편

나무, 팽나무와 개서어나무 등 다양한 수종이 분포해 있으며, 이들 나무들은 하천을 따라 약 300m에 걸쳐 170여 그루가 울창한 숲을 이루고 있다.

백암마을 숲정이는 6·25전쟁 이전에는 지금보다 훨씬 더 숲이 우거져 노루 등 여러 야생동물이 뛰어 놀았다고 한다. 전쟁을 거치면서 노거수가 상당수 벌채되어 현재와 같은 모습을 갖게 되었다.

야생동물이 떠나간 자리는 지역 주민과 외지에서 왕래하는 사람들의 휴식처가 되고 있다. 여름 휴가철이면 많은 피서객들이 찾는 명소가 되었으며, 마을 주민들은 정월대보름에 당산제를 모시는 전통을 계속 이어나가고 있다.

백암마을 숲정이는 산림청과 생명의숲 국민운동, (주)유한킴벌리가 공동으로 주최한 제4회 아름다운 숲 전국대회에서 아름다운 마을숲으로 선정되기도 하였다. 그러나 행락객들이 늘어나면서 무단주차와 쓰레기 투기, 노거수 훼손 등 부작용이 나타나고 있어 아쉬운 바가 적지 않다.

다행스럽게도 마을 주민들이 숲 가꾸기에 적극 나서고 있어 안도감이 든다. 주민들은 느티나무를 비롯하여 화초 130여 본을 심고, 하천에는 돌쌓기를 하는 등 숲 보호에 최선을 다하고 있다.

화순군도 백암마을 숲 3,600평을 원형대로 보존하여 후손들에게 물려주기 위해 노거수는 보호수로, 숲정이는 천연보호림으로 지정하여

동북 연둔리 둔동마을 숲정이 전경

관리하고 있다. 그 외에 숲에 대한 중장기 종합관리 계획을 수립하고 정밀진단을 통한 외과수술, 보식, 주변 휴식공간 정비 등 아름다운 숲 보전에 만전을 기하고 있다.

화순의 아름다운 마을 숲은 도곡 외에 동복 연둔리 둔동에도 있다. 둔동마을 숲정이는 2006년에 전라남도 기념물 제237호로 지정되었다. 이곳의 보호면적은 6,437m²이며, 동복천을 따라 약 700m에 걸쳐 남북 방향으로 길게 늘어서 있다. 둔동마을 숲은 왕버들나무, 느티나무, 서어나무, 검팽나무, 상수리나무, 뽕나무 등 230여 그루의 나무로 이루어져 있다.

둔동마을 숲정이는 1500년 무렵에 마을이 형성되면서 홍수 등을 예방하기 위해 조성하였다. 큰 나무 사이에 수양버들, 이태리포플러, 뽕나무가 자리한다. 숲 아래쪽에는 마삭줄, 왕쥐똥나무, 거북꼬리풀, 조릿대 등이 서식하고 있다.

둔동마을 숲은 썩은 나무라도 마음대로 베어낼 수 없도록 엄격한 규약이 정해져 있다. 최근에는 마을 숲을 보존하고 지속적인 관리를 위해 여러 수종의 나무를 심고 있다.

풍치가 아름답고 역사문화 유적지로서 가치가 높은 백암마을과 둔동마을의 숲정이는 화순의 자산이다. 조상 대대로 내려오는 마을 숲을 원형대로 보존하고 관리하는 데 적극적인 노력을 기울였으면 한다.

제3부

의로운 기개를 떨친
화순 사람들의 발자취

예성산성을 바라보며 옛 사람의 기개를 떠올리다

의병장 최경회 장군과 고사정 그리고 부조묘

동복현감 황진과 웅장한 철옹산성

환산정은 우국지사의 통한을 품고 있다

암벽 위에 건축된 삼충각을 바라보며

대리 칠충각과 병자의병을 일으킨 형제들

오성산성 정상에서 최경운 의병장을 생각하다

예성산성을 바라보며
옛 사람의 기개를 떠올리다

　　　　　　　　능주에서 이양 방면으로 차를 몰아가면
춘양면과 청풍면의 경계지점에 해당하는 해발 362.4m 높이의 예성
산이 웅장한 자태를 뽐낸다. 예성산 중턱에는 깎아지른 절벽 바위를
둘러싸고 예성산성이 위용을 드러내고 있다.

　예성산성은 예성산을 중심으로 하여 북으로는 가파른 능선을 따라
지석천과 접하고, 남으로는 청풍면 풍암리와 접하며, 서쪽으로는 춘
양면 가봉리와 접하고, 동쪽으로는 청풍면 풍암리 입교마을과 접한
다. 예산산성은 보성 방면에서 능주로 올라가는 길목에 위치하는 전
략적으로 중요한 방어성이었다.

예성산성은 왜성산성으로 부르기도 하는데, 자연지형을 이용한 포곡식包谷式 산성이다. 산성의 전체 길이는 1/5,000 지도를 이용한 실측에 의하면 약 975m이고, 경사도를 감안한 실제 길이는 약 1,025m이다. 성벽은 주로 절벽이나 능선을 이용하고 작은 계곡을 감싼 것이 대부분이다.

성벽은 해발 270~420m 일대에 분포하며, 성벽의 파괴가 심하고 잡목이 우거져 전모를 확인하기 어렵고 그 연결선을 추정할 따름이다. 동벽은 가파른 절벽을 이용하여 천연적인 자연지세를 이용하였을

예성산성 전경, 사진(홍진석)

남 도 역 사 문 화 기 행 _ 화 순 편

뿐 별도의 성벽을 축조하지는 않았다.

남벽은 정상부로 이어지는 가파른 능선을 따르고 있는데, 산 정상부 능선과 절벽을 이용하여 축조하였다. 서벽은 예성산 정상부에서 서북쪽으로 내려가는 능선을 따라 축조하였고 자연석을 이용하여 성벽을 쌓았는데, 성벽으로 쓰인 돌들이 곳곳에 흩어져 있다.

북벽은 계곡을 가로지르는 성벽이다. 성벽은 부분적으로 축조되어 있는데, 위로 올라갈수록 작은 돌을 사용하여 6~7단으로 쌓았다. 또한 자연석을 가공하여 큰 돌 사이에 잔돌을 끼워 넣어 벽을 보강하였다. 그런데 성벽의 훼손이 심하여 성벽의 잔해로 판단되는 석재들이 여기저기 남아 있다.

예성산성에 오르면 동북쪽 경사면의 약간 평탄한 해발 325m 지점에 반원형을 이룬 건물지가 남아 있다. 예성산성 주변에서는 회청색 경질 수키와편과 갈흑색 경질 수키와편이 흩어져 있는 것을 발견할 수 있다.

대포가 사용되고 전술이 바뀌면서 성곽을 이용한 방어시설은 무용지물이 되었지만, 국가수호와 향토방위에 목숨을 초개와 같이 바친 옛 사람의 의로운 정신은 화순의 영원한 등불이 되고 있다.

〈대동지도〉의 기록 내용에 따르면, 고려시대에 왜구를 방어하기 위해 축조하였다는 내용이 남아 있다. 남해안에 상륙한 왜구가 화순을 비롯한 내륙 지역으로 진출하여 약탈하는 것을 방어하기 위해 축조된

예성산성 풍경, 정태관

사실을 전하는 것으로 짐작된다.

그러나 부근에 살고 있는 사람들은 임진왜란 때 왜적에게 대항하기 위하여 암벽을 이용해 축조하였다는 전설을 이야기한다. 당시 전투에서 불리해진 아군이 왜적에게 포위를 당하자, 왜적은 성안에서 식량과 식수가 떨어지면 스스로 항복할 것으로 보고 장기적인 포위작전을 펼쳤다는 것이다.

사실 정유재란 때 예성산성을 근거지로 삼아 왜적과 대치하며 능주 일대를 방어한 주인공은 이순신 장군 막하에서 싸웠던 김대인과 능주

지역의 거사 김영철, 그리고 향민들이었다. 김대인과 김영철은 보성 방면을 거쳐 왜군이 침입하자 능성현의 외곽에 위치한 예성산성에서 향민들을 지휘하여 항전하였다.

왜군은 장기간 산성을 포위하고 있으면 식량과 식수의 고갈로 스스로 항복할 것으로 믿고 장기전을 펴고 있었으나, 전술에 능한 김대인의 기습과 완강한 항전이 계속되자 무수한 사상자를 남기고 퇴각하였다.

예성산성의 항전을 지휘한 김대인은 충무공 이순신의 막하에서 그 용력을 인정받아 중용되었으나, 1597년 이순신이 좌수영을 떠난 후

원균이 패하여 죽자 의병 수백 명을 모집하여 해안 곳곳에서 적을 무찌르고 광양 싸움에서 전상을 입었다.

김대인은 다시 출전하여 예성산성에 웅거하면서 능주 일대를 수호하였다. 왜적의 침입을 맞아 화순 사람들은 일치단결하여 예성산성을 사수하면서 향토를 지켜냈으나, 그 참혹상은 말로 표현하기 어려운 지경이었다.

〈화순읍지〉와 〈능주읍지〉, 〈동복읍지〉 등에 따르면 정유재란과 관련된 열녀와 효자에 관한 기사가 상당수 수록되어 있다. 이들 기록은 왜군의 만행으로 수난당한 우리 고장 여성들이 정절을 지키기 위해 죽음을 무릅쓰고 저항한 슬픈 역사적 배경을 담고 있다. 부모의 수난을 보고 분연히 맞서서 구출해 낸 자식의 도리를 다한 사람들의 효성도 엿볼 수 있다.

멀리서 웅장한 예성산성 모습과 목숨을 바쳐 의로운 기개를 떨친 옛 화순 사람의 인의예지신仁義禮智信을 생각하며 작금의 화순 현실에 통분을 금할 길이 없다.

의병장 최경회 장군과
고사정 그리고 부조묘

　　　　　　　　　　동면 백동과 용생 마을 중간 지점에 위치
한 신원동 마을 입구에는 임진왜란 때 왜적에 맞서 진주성 전투에서
전사한 의병장 최경회崔慶會 선생을 모시는 충의사忠毅祠가 있다.
충의사 내부에는 사당과 유물관 및 강당과 관리사 등의 부대시설이
마련되어 있다.

　최경회 장군을 모시는 사당은 최근에 건립된 동면 충의사 외에 능
주 포충사褒忠祠, 진주 창렬사彰烈祠, 장수 월강사月岡祠 등 여러 곳에 위
치한다. 그러나 최경회 장군의 유적지 중에서 가장 중요한 곳은 삼천
리 고사정高士亭과 다지리 부조묘不祧廟를 거론하지 않을 수 없다.

　고사정은 화순읍 삼천리 소방서 뒤편 마을 옆에 넓은 들녘을 바라

화순읍 고사정 근경

남 도 역 사 문 화 기 행 _ 화 순 편

보고 서 있는 오래된 정자이다. 고사정으로 가기 위해서는 소방서 뒤 철길 아래를 지나 남쪽 방향 넓은 도로에서 마을 안쪽 길을 통과하여 비좁은 길로 들어서야 한다.

고사정의 건물 구조는 정면 3칸, 측면 2칸의 단층 겹처마 팔작지붕 이고, 지금도 최 장군의 후손들이 고사정 뒤편 안채에서 거주한다. 고사정 현판은 조선 영조 때 서예가로 이름이 높았던 원교員嶠 이광사 李匡師가 친필로 쓴 글씨이다.

고사정은 최경회 장군이 의병을 일으키고 의병청을 세운 장소를 기념하기 위하여 후인들이 세웠다고 한다. 이 정자는 17세기 말 조선 숙종 때 건립된 것으로 알려져 있으며, 왕이 친히 남쪽 지역의 이름 높 은 선비라는 의미로 '남주고사南州高士'라고 부른 것에서 유래하였다.

최경회 장군은 고사정이 위치한 삼천리 부근에서 최천부崔天符의 아 들로 태어났으며, 모친의 초상을 당하여 벼슬에서 물러나 있다가 의 병을 일으킨 곳 역시 이곳이다. 그의 본관은 해주海州이고, 자는 선우 善遇, 호는 삼계三溪 또는 일휴당日休堂, 시호는 충의忠毅이다.

최경회 장군은 양응정梁應鼎과 기대승奇大升 등에게 수학하였으며, 1561년명종 16년 생원시에 합격하여 진사가 되었고, 1567년선조 즉위년 식년시 문과에 을과로 급제하였다. 벼슬은 성균관 전적을 시작으로 사헌부감찰, 형조좌랑에 이어 옥구, 장수, 무장의 현감, 영암군수와 영해부사, 담양부사를 역임하였다.

최경회 의병부대의 최초 모의장소

　그는 1590년선조 23년 모친 평택임씨가 임종하여 상을 치르기 위해
벼슬을 내놓고 고향인 화순으로 낙향하였다. 1592년 임진왜란이 일
어나자 최경운, 최경장 두 형과 아들 최홍기, 조카 최홍재, 최홍우와
함께 삼천리에 의병청을 설치하고 각 고을에 격문을 띄워 500여 명의
의병을 규합하였다. 그 후 조카 최홍재로 하여금 고경명 장군의 휘하
에 합류하여 싸우게 했다. 금산전투에서 고경명이 전사하자 문홍헌
등의 남은 병력을 수습하여 합류함으로써 의병장에 추대되었다.
　전라우도 의병장이 되어 상복차림으로 북상하여 금산, 무주의 왜적을 격퇴하였다. 최경회는 "무주의 왜병들이 북서진하는 것을 저지하라"는 권율의 부탁을 받고 무주의 적성산성에 주둔하였다. 최경회는 금산성을 함락한 후 거창 우두령에서 왜군을 매복 공격하여 전멸시키고, 적장이 들고 있던 언월도偃月刀를 전리품으로 획득하여 지금까지 보존되어 있다. 또한 경상우순찰사의 지원 요청을 받고 "영남도 우리나라 땅이다" 하고 달려가 1차 진주성 전투에 참전하였다. 최경회 의병부대는 진주성으로 들어가지 않고 외부에서 후원하는 역할을 하였으며, 대첩을 거둔 뒤 거창에 주둔한 후 개령지방의 왜군을 공격하여 성주성 탈환에 참전하였다.

최경회 장군은 성주성 전투에서 큰 공을 세우는 등 영남 7읍을 평정한 전공을 인정받아 경상우도 병마절도사에 제수되었다. 1593년 경상도 병마절도사로 진주성에 주둔 중 6월 가토 기요마사加藤清正 등이 다시 진주성을 공격해 오자, 창의사 김천일金千鎰, 충청도 병마절도사 황진黃進, 복수의병장 고종후高從厚 등과 분전했으나 9일 만에 진주성이 함락되고 결국 남강에 투신 자살하였다.

최경회 장군과 함께 진주성을 지키고 있던 지휘관과 병사를 비롯하여 양민들까지 대부분 전사하였다. 최경회는 진주성이 무너지기에 앞서 조카 홍우를 탈출시켜 조복과 언월도를 고향의 중형에게 보내고 김천일, 고종후 등과 함께 촉석루에 올라 서사일절을 남기고 남강에 투신 순절하니 그의 나이 62세였다.

최 장군을 마음 깊이 숭모하고 사랑하던 논개 역시 적장을 껴안고 순절하였다. 최 장군의 중형 최경장은 의병대장이 되어 사천과 고성 등의 왜적을 격퇴하였으며, 장형 최경운도 화순 오성산성에서 왜군에 맞서 항전하다가 부자가 함께 순절하였다.

최경회 장군은 훗날 좌찬성에 추증되고, 충의라는 시호가 내려졌다. 최 장군은 민족의 영원한 사표가 되어 진주 창렬사를 비롯한 여러 곳의 사당에서 장렬한 기개와 고매한 높은 뜻을 기리고 있다.

최 장군을 기리는 여러 사당 중에서 화순읍 다지리에 위치한 부조묘는 다른 성격을 갖고 있다. 부조묘는 불천위不遷位 제사의 대상이 되는 신주를 모시는 사당이다.

예로부터 종갓집에서는 제사를 지낼 때 위로 4대에 해당하는 선조들의 신주를 모시고 제사를 지냈다. 그런데 제사를 모시던 자가 죽은 후 그 후손은 뒤를 이어 제사를 모실 때 죽은 이를 포함하여 선조 3대를 모시게 된다. 이때 기존에 모시던 가장 윗 선대의 제사는 지내지 않게 되고, 그 선조의 신위를 사당에서 꺼내 땅에 묻는 것이 예의였다.

하지만 특별한 경우 왕의 허락 아래 신위와 제사를 모시게 되는 경우도 있었는데, 이것을 부조묘라고 한다. 나라에 큰 공훈을 세우거나 목숨을 바쳐 충절을 다한 인물들을 모시기 위한 방편이었다. 역대 국왕들은 나라에 큰 공훈을 세운 인물이라 여겨지면 신위를 옮기지 않도록 허락하였다. 이렇게 '불천지위不遷之位'가 된 대상들은 4대 봉사

가 끝난 후에도 신주를 땅에 묻지 않으며 계속적으로 후손들이 제사를 받들게 되었다.

　부조묘가 처음 어떻게 생기게 되었는지는 알 수 없지만, 중국 한나라 때 처음으로 시작된 것으로 알려져 있다. 우리나라의 경우 처음에는 불천위가 된 신주는 묘 밑에 설치하였으나, 후손들이 종가 근처에 신위를 위한 사당을 지으면서 부조묘 형태가 등장하게 되었다.

　서원書院 혹은 사우祠宇가 교육과 제사 기능을 함께 한 것과 비교하여, 부조묘는 선조의 추숭 활동이 주된 기능으로 왕의 직접적인 허락

최경회 등을 배향한 동면 백용리 충의사

을 받고 건립된다는 점이 다르다.

우리 화순 지역의 대표적인 사례는 다지리에 위치한 최경회 장군의 부조묘를 들 수 있는데, 자손만대에 걸쳐 제사를 거르지 말라는 의미로 '만세부조묘'라고 부르고 있다.

국가의 위난을 당하여 자신의 목숨을 초개와 같이 바친 의로운 선열의 부조묘를 참배하며 화순의 아득하고 절망적인 현실을 생각하니 가슴이 아파 어찌할 바를 모르겠다. 우리 화순 사람들이 다지리 앞길을 지나다니며 마음속 깊이 부조묘의 건립과 제향의 참뜻을 되새겼으면 한다.

동복현감 황진과
웅장한 철옹산성

　　　　　　　　동복 안성리에 위치한 유격대 뒷산은 거
대한 바위산으로 이루어진 옹성산이 자리하고 있다. 항아리를 엎어놓
은 듯한 바위가 여러 개 있어 옹성산이라 부르는데, 쌍바위봉 문바위
옹성암터 등 다른 산에서는 쉽게 찾아볼 수 없는 비경이 숨어 있어 자
연조각공원이라 일컬어도 손색이 없다.

　또 이곳에는 고려 말에 왜구의 침입을 막기 위하여 쌓은 철옹산성
혹은 옹성산성이 웅장한 자태를 드러내고 있다. 이 산성은 장성의 입
암산성과 담양의 금성산성과 함께 전남의 3대 산성으로 불린다. 임진
왜란 때는 동복현감을 지내고 진주성 전투에서 순절한 황진 장군이 군
사들을 훈련시켰으며, 동학농민전쟁이 일어났을 때는 농민군 지도자

옹성산의 여름, 정태관

오계련이 성을 증축하여 머물렀다고 한다.

옛날 삼한시대에 동복은 독베기라는 뜻의 두부지현豆夫只縣으로 불렀는데, 옹성산을 멀리서 바라보면 거북 모양 혹은 독아지항아리 형상을 하고 있어 지명과 산 이름이 깊은 관계를 갖고 있는 것 같다. 옹성산은 무등산에서 백아산을 거쳐 모후산으로 흘러내린 한 맥이 서북으로 뻗어 내린 곳에 위치한다.

호남 내륙의 요충지에 자리한 철옹산성은 정상 동편 해발 500m 정도의 능선에 성문의 석궐石闕, 돌기둥과 파수대가 원형에 가까운 모습

으로 보존되어 있다. 〈동복읍지〉에 의하면 철옹산성의 길이는 3,874척 대략 1,162m 정도라고 하였는데, 지표조사 결과 훨씬 더 긴 5km로 밝혀졌다. 그중에서 바위와 돌로 쌓은 성의 길이는 1,162m이고, 자연암반과 지형을 이용해 쌓은 성의 길이는 4,238m이다. 하지만 현재 남아있는 성곽의 길이는 500m 정도에 불과하다.

철옹산성은 능선이 전부 돌로 되어 있어 천연적인 상태로 성곽의 구실을 하는데, 거대한 독바위를 마람짚으로 엮은 이엉으로 둘러 군량미를 쌓아 놓은 것처럼 적을 기만하였다는 기록이 전해지고 있다. 또한 문헌에는 혈암사穴巖寺라는 사찰이 있었다는 기록이 전하지만, 그 위치는 확실치 않다. 다만 서남쪽 계곡이 불당골로 불린 것으로 볼 때 사찰이 있었을 가능성이 높다.

6·25 이전에는 옹성암이라 불린 암자가 8부 능선 지점에 있었는데 동란 중에 소실되고, 그 후 어느 여승이 초가로 복원하여 수도에 정진하다가 떠나갔다고 한다. 옹성암은 빈집으로 남아 있다가 1970년대에 화전 정리를 하면서 허물어져 터만 남아 있다.

그 뒤편에 깎아지른 절벽 사이의 조그만 동굴 속에서 석간수가 솟아나와 산을 찾는 나그네의 약수로 이용되고 있다. 철옹산성은 산성 내에 계곡이 포함된 포곡식 산성으로 성을 쌓을 때는 일곱 군데에 우물이 있었으나 지금은 세 곳만 남아 있다.

우물은 성내에 주둔하던 병사들과 전란 시에 피난한 백성들이 사용하였다. 동복현감을 지낸 황진1550~1593년 장군 역시 이곳에 머물면서 왜적을 무찌르기 위해 군사훈련을 시켰다고 한다. 황진은 1592년 임란 초기 때 곡창지대인 호남을 점령하기 위해 전북 완주 방향으로 진군하던 왜적을 충남 금산 대둔산 이치재에서 섬멸하였다.

황진은 왜장 고바야가와 다케가게小早川隆景가 이끄는 2만여 명의 왜적에 맞서 권율 장군의 선봉장으로 참전하여 1,500여 명의 병사를 이끌고 대승을 거두었다. 이치재 대첩은 조선 정규군이 육전陸戰에서 승리한 최초의 전투였으며, 동복을 비롯한 우리 지역의 이름 없는

옹성산의 봄, 김병택

병사들이 조국수호의 기치를 들고 용맹을 떨쳤다.

　황진은 1550년 황희 정승의 5대손으로 태어났으며, 어려서부터 힘이 세고 행동이 민첩했으며 활쏘기와 말타기를 즐겼다고 한다. 1576년 선조 9년 무과에 급제한 후 선전관, 거산도찰방 등을 역임했다. 1590년 황윤길, 김성일 등을 따라 조선통신사로 일본에 다녀왔다.

　조선통신사 시절 일본의 침략을 예감한 장군은 밤낮으로 무예를 연마하며 일본의 침략에 대비했다. 동복현감으로 재직 중이던 1592년 임진왜란이 일어나자 전라도관찰사 이광의 휘하에서 첫 참전했으나 용인에서 패배했다. 그러나 이후 진안에서 왜적의 선봉장을 사살하고 안덕원과 이치 전투에서 왜군을 대파했다. 그 공으로 익산군수 겸 충청도 조방장에 임명되었으며, 이듬해 3월에는 충청도 병마절도사가 되어 혁혁한 전과를 올렸다. 1593년 6월, 적장 가토 기요마사가 1년 전 진주성 싸움에서 패한 것을 보복하기 위해 대군을 동원해 진주성을 공략하자 창의사 김천일, 절도사 최경회 등과 사수에 나섰다.

임진왜란 당시 동복현감 황진 장군은 한천농악을 앞세우고 진주성으로 달려갔다는 기록이 남아 있다. 동복현감 황진 장군 및 화순 출신 최경장 장군의 막하에는 우리 지역의 수많은 민초들이 참여하였다. 화순 사람들은 호남의병과 관군의 주축이 되어 향토방어와 조국수호를 위해 순결한 피를 고향에서 그리고 머나먼 진주성에서 흘리며 산화해 갔던 것이다.

황진은 화순 사람을 이끌고 처절한 사투를 벌였으나 9일 동안의 항전 끝에 적병의 저격을 받아 전사했다. 이후 성은 함락되었지만 진주성 싸움은 적의 기세를 크게 꺾어 왜군의 호남 침입을 막는 데 결정적 역할을 하였다. 순찰사 이상신과 백사 이항복이 "공이 살아 있을 때 성이 보존되고, 죽으니 성이 함락되었다", "수성守城에 대해서는 황진이 천하의 으뜸"이라고 칭했을 만큼 지략과 무예를 모두 갖춘 장군으로 평가받고 있다. 황진은 왜란이 끝난 후에 좌찬성에 추증되었고, 진주 창렬사, 남원 민충사 등에 배향되었다.

환산정은 우국지사의
통한을 품고 있다

　　　　　　　　동면 서성리 저수지는 환산정環山亭이라
는 멋들어진 정자를 품고 있다. 벚꽃이 휘날리는 봄철이 되면 환산정
은 산자수명한 주변 풍광과 더불어 그 고운 자태를 세상에 활짝 드러
낸다. 환산정은 병자호란 때 의병장 백천百泉 류함柳涵 선생이 세상을
피해 은거하면서 지은 정자라고 한다.

　류함은 1636년인조 14년 병자호란이 일어나자 화순의 여러 유림과
뜻을 모아 의병을 일으켰다. 화순에서 창의한 의병은 조수성과 그의
종질 조황 등이 중심이 되었다. 이들은 화순현의 객사에 의병청을 설
치하고 모병과 훈련으로 전열을 가다듬었으며, 다음 해인 1637년인조
15년 1월 500여 명의 의병을 이끌고 출정하여 전주부를 거쳐 여산에

환산정의 여름, 김병택

도착하여 이흥발, 이기발 형제의 의병과 합류하였다.

여러 의병부대들이 회맹하여 부서와 책임자를 선정하였다. 조수성이 의병도대장으로서 통군하였고, 류함은 부장 중의 한 명으로 선임되어 보좌하였다. 이들 의병군은 1월 29일 청주에 도착하여 적정을 탐색하고 교전을 준비하였으나, 2월 4일 군비를 갖추고 진군하려 할 때 강화가 체결되었다는 소식을 접하였다.

2월 15일 의병 진영이 해산된 후 류함을 비롯하여 화순 지역의 의병들은 본가로 돌아왔다. 류함은 인조가 청나라에 굴복한 후 어지러

환산정 근경, 사진(홍진석)

워진 세상을 피해 인적이 드문 산중에 은거하여 지조를 지키며 조용
히 살고자 하였다.

환산정을 처음 지을 때는 물가에 위치한 자그마한 초옥이었다. 시국
을 개탄하고 나라를 구하지 못한 죄인의 심정으로 숨어 살고자 했던
우국지사가 멋들어진 기와집 정자를 짓고 거처하지는 않았을 것이다.

환산정이 현재의 모습을 갖추게 된 것은 대원군이 전국에 걸쳐 대부
분의 사원을 철폐한 이후였다. 서원과 사우가 훼철되자, 여러 곳에서
정자를 개축하거나 신축하여 서원, 사우의 역할을 대신하게 되었다.

환산정의 여름, 정태관

환산정은 여러 차례 개축을 거쳐 오늘날의 모습을 갖추었고, 1960년
대 서성저수지가 만들어지면서 물로 둘러싸인 호수 위의 아름다운 정
원이 되었다.

환산정은 서암절벽의 기암단애를 배경으로 호숫가의 수려한 자연
경관을 벗 삼아 산보를 즐기기에 좋으며, 또한 서성리 저수지는 여러
어종이 풍부하여 휴양지뿐만 아니라 낚시터로도 각광을 받고 있다.

환산정이라는 이름은 중국 송나라의 구양수歐陽脩, 1007~1072년가
지은 〈취옹정기醉翁亭記〉의 환저개산야環滁皆山也, 저주를 둘러싸고 있는 것은

환산정의 가을, 박득규

모두 산이다에서 따왔다고 한다.

환산정 마루에 앉아 여러 산림처사와 시인묵객이 남긴 편액들을 보노라면 백천 류함의 원운原韻이 가장 눈에 띈다.

뜰에는 고송 있고 섬돌에는 국화 피었으니

학문은 율리의 도연명을 배웠도다

건곤은 변함없는데 처음 계획을 어기었고

산수는 유한한 정취 깊어 늦은 정을 부쳤어라

나무 잎새는 춘추의 세월도 잊었지만

심중에는 일월 같은 임금님의 총명을 품었도다

늙은이의 이 지조를 그 누가 알아주리오

산옹은 세월과 더불어 불평을 삭히는구나.

류함은 청나라에 패한 후 숨어 살면서 늙어가는 자신을 한탄하지 않고, 자신의 고결한 지조를 알아주지 못한 세상에 대한 서운한 마음을 살짝 드러낸다.

환산정은 최근에 다시 전면 개보수하여 면모를 일신하였다. 화순군 향토문화유산 제35호로 지정되었다. 벚꽃이 흐드러진 환산정의 봄날 정취와 빼어난 풍광도 아름답지만, 우국지사의 나라사랑과 노블리스 오블리제를 다한 책임의식 역시 옷깃을 여미게 한다. 우리 화순의 옛 선인들이 국가가 누란의 위기에 처했을 때 주저하지 않고 의병대열에 참여하여 활약한 절의를 높이 숭앙해야 할 것이다.

암벽 위에 건축된
삼충각을 바라보며

이양에서 발원하여 영산강 본류로 흘러
드는 지석강은 오늘도 도도히 흐르고 있다. 영산강 상류에 해당하는
지석강은 능주를 흐르며 다른 이름으로 불리기도 한다. 영벽정 옆을
흐를 때는 영벽강이 되고, 잠정리에 위치한 삼충각三忠閣 옆을 흐르면
충신강이 된다.

삼충각은 충신강 천변의 높은 절벽 위에 3동으로 건립되어 있으며,
조선 1593년선조 26년 진주성에서 왜적과 싸우다가 장렬히 순절한 최
경회와 문홍헌文弘獻, 그에 앞서 1555년명종 10년 을묘왜변 때 해남에
침입한 왜적과 싸우다 전사한 조현曺顯 등 세 분의 넋을 기리는 정려
旌閭이다.

능주 삼충각의 봄날 전경, 김병택

남 도 역 사 문 화 기 행 _ 화 순 편

능주 삼충각의 여름, 정태관

 정려란 본래 충신, 효자, 열녀들이 살던 동네에 정문을 세워 표창한
것을 말한다. 능주 삼충각같이 각閣으로 존재하는 것이 일반적이다.
정려는 신라 때부터 건립되기 시작하여 고려에 들어와 본격적으로 세
워졌고, 조선시대에는 유교적인 지배윤리를 확립하기 위해 정책적으
로 전국에 많은 정려가 건립되었다.

 화순을 비롯한 전남 지역에서 정려를 세울 때 3인을 모시는 경우에
단일 건물을 3칸 규모로 하는 것이 일반적인 형태이다. 그러나 삼충각
은 각각 독립된 3동의 구조를 이루고 있으며, 비슷한 규모의 정면 1칸,

능주 삼충각 전경, 사진(홍진석)

측면 1칸의 맞배집을 이루고 있다.

삼충각 내부에는 비碑 없이 정려 현판만 걸리고, 건물 4면에는 모두 홍살이 꽂혀져 있다. 이는 정려각 등 비각 건물의 특징이다. 홍살은 보통 경건함을 상징하는 장식부재이다.

삼충각의 구조는 막돌 초석 위에 두리기둥을 세우고 창방을 걸은 3량가이며, 공포는 중앙의 정각만 초익공식初翼工式으로 하였고 나머지는 2익공식으로 꾸몄다. 3동 모두 처마 높이가 120~160cm 정도로 매우 낮고 건물 또한 간결한 특징을 보인다.

삼충각은 1685년숙종 11년 능주향교 유림들이 발의하여 건립되었으며, 현재 전라남도 지방기념물 제77호로 지정되어 있다. 전면을 향하여 좌측 건물이 최경회의 정려이며, 가운데가 조현의 정려, 오른쪽이 문홍헌의 정려이다.

삼충각에 모셔진 문홍헌은 1539년중종 34년 능성현에서 출생하였다. 임진왜란이 일어나자 의병을 일으켜 초토사招討使 고경명과 함께 금산 전투에 참전하였으며, 그 후 병마절도사 최경회의 막하에서 진주성에 집결한 의병과 합류하였다. 교전 끝에 성이 함락되자 최경회와 함께 남강에 투신 순절하였다.

조현은 능성현에서 출생한 무관으로 1555년명종 10년 을묘왜란 때 가리포첨절제사로서 영암현 해남 달량포에 침입한 적을 맞아 싸우다 전사하였다. 병조참의에 추증되고 능주의 포충사裹忠祠에 제향되었다.

대리 칠충각과
병자의병을 일으킨 형제들

　　　　　　　　　화순읍 대리 화순중학교 뒤편에는 칠충
각七忠閣이 자리하고 있다. 이 칠충각은 1636년인조 14년 병자호란 때
화순에서 의병을 일으킨 평택임씨平澤林氏 7종형제從兄弟의 충절을 기려
1876년고종 13년에 세워졌다. 이들 형제는 임시계, 임시태, 임시민, 임
시운, 임시준, 임시익, 임시약이다.

　이들 종형제는 화순의 다른 의병들과 함께 남한산성에 고립되어 있
던 인조 임금을 구원하고자 청주까지 진군하였으나, 청 태종에게 항
복했다는 소식을 듣고 귀향하였다. 이들은 국가가 어려움을 겪고 군
왕이 치욕을 당한 현실에 분개하여 벼슬에 나가지 않고 은거생활을
하며 일생을 마쳤다.

조정에서는 1876년에 이르러 이들에게 벼슬을 추증하였다. 임시계는 예조참의, 임시태는 좌승지, 임시민은 예조참의, 임시운에게는 호조참의, 임시준은 좌승지, 임시익은 좌승지, 임시약은 호조참의에 추증하였다. 또한 이들의 호국충절을 기리기 위하여 칠충각을 세우도록하였다.

칠충각은 정면 7칸, 측면 1칸으로 이루어졌는데 지붕은 옆면에서 볼 때 여덟 팔八자 모양인 팔작지붕이다. 지붕 처마를 받치기 위해 장식하여 만든 공포는 기둥 위에만 있는 주심포柱心包 양식으로 꾸몄다.

화순은 칠충각에 모셔진 임씨 형제 일곱 분만이 아니라 각처에 충신과 효자, 열부 등을 모시는 정려와 사당이 즐비하다. 이들 유적을 돌아보면 화순이 남도의 명향이요 학향, 의향, 예향으로 불리는 이유를 알 수 있다.

　화순 사람들은 국가가 위기에 처하면 죽음을 무릅쓰고 충절을 다하였으며, 그 공로를 내세워 벼슬이나 명리를 탐하지 않고 산곡에 은거하여 조용히 삶을 마치는 것을 미덕으로 생각하였다. 자신들의 파당을 모아 사익을 추구하지 않고 대의명분을 내세워 고결한 삶을 살고자 하였다.

오성산성 정상에서
최경운 의병장을 생각하다

오성산성은 화순읍과 동면의 경계인
오성산 정상을 감아돌며 축조되어 있다. 오성산성은 화순읍과 동면의
경계 지점에 위치한 해발 약 290m 높이의 오성산 일대에 있다. 화순
읍에서 전대병원 옆을 거쳐 동면 언도리 방면으로 넘어가는 고개 옆
에 위치한다. 오성산은 정상에 멀리서 바라볼 때 고압전기선 철탑이
자리한 곳이다.

오성산성은 옛 문헌에 의하면 吳城山〈신증동국여지승람〉 화순현 혹은 烏
城山〈여지도서〉 화순현, 〈대동지지〉 화순현 등으로 기록되어 있다. 오성산성
은 화순현을 방어하는 주요 산성의 역할을 하였다. 그리고 유사시에
화순 사람들이 입성하여 방어할 수 있는 전형적인 배후산성 역할을

오성산성 전경

하였다.

　오성산성은 오성산을 중심으로 하여 북으로는 동면 서성리 오성마을이 있고, 남으로는 백용리 백동마을이 있으며, 서쪽으로는 화순읍, 동쪽으로는 동면 서성리가 자리한다.

　성곽은 동남쪽 방향을 향해 축조되었으나 현재 남아 있는 부분은 얼마 되지 않는다. 성벽의 축조 방식은 산의 경사면을 깎아 내리거나 천연적인 자연지세를 이용하였다.

　성곽은 대부분 자연석을 가공하여 4~5단으로 축조하였다. 성벽은

능선이나 절벽을 이용하고 있는데 해발 250~275m 일대에 위치하고, 대부분 주변의 돌을 가공하여 축조하였다.

오성산성 남벽 안쪽 능선을 따라 내려오면 비교적 평탄한 면을 이루고 있는 대지가 펼쳐져 있다. 현재는 민묘民墓들이 자리하고 있지만, 그 주변에 많은 기와편과 토기편이 흩어져 있는 것으로 볼 때 부속 건물들이 위치하지 않았을까 한다.

건물지 앞쪽의 석축 밑에는 우물이 있다. 우물은 산 경사면을 깎아낸 후 돌을 이용하여 축조하였으며, 앞부분이 훼손되어 있어 잡초가

오성산 정상에 위치한 진사최공경운전망유허비(進士崔公慶雲戰亡遺墟碑) 전경

무성하다.

오성산성은 정유재란 때의 의병장 최경운과 화순 향민들이 왜적을 맞아 전투를 벌인 곳이다. 최경운은 200~500여 명의 의병을 이끌고 왜병 3,000여 명과 사흘간 치열한 공방전을 벌이다가 결국 장렬하게 순절하였다.

최경운은 최경회 장군의 큰형으로 당시 73세의 노구를 이끌고 의병 전쟁을 주도하였다. 최경운은 1567년명종 22년에 진사시에 합격하였으며, 기대승의 문하에서 수학하여 경륜이 원대한 인물이었다.

최경운은 임진왜란 때 모친상을 당했음에도 불구하고 본가인 화순 삼천리에 의병청을 설치하고, 군량과 군비 조달은 물론 아우와 조카를 나가 싸우게 한 애국충성과 절의에 빛나는 우국지사였다.

오성산 정상에는 최경운 의병장의 전망유허비인 '진사최공경운전망유허비進士崔公慶雲戰亡遺墟碑'가 우뚝 서 있다. 성벽 주변 일대에는 지난날 치열했던 전쟁의 잔상을 반영하듯 회백색과 회청색 등 경질 암키와편과 회백색 등의 경질토기, 연질토기가 여기저기 흩어져 있다.

제4부

아픔 속에 피어난
화순의 정감

조광조 선생의 유배지를 역사교육장으로 활용해야

능주 포충사의 퇴락에 눈물 흘리다

남산 밑 쌍충각을 지나며 옷깃을 여미다

기축옥사와 화순 사람 조대중의 피화(被禍)

도원서원에서 최산두의 절의를 생각하다

양팽손과 쌍봉 학포당

백아산의 철쭉은 왜 그리도 붉은가

조광조 선생의 유배지를
역사교육장으로 활용해야

             능주 남정리에는 조선 중종 때 기묘사화의 피해를 입어 화순으로 유배 온 조광조趙光祖, 1482~1519년 선생의 적려유허비謫廬遺墟碑가 있다. 조광조는 1482년성종 13년에 서울에서 태어났으며, 한훤당 김굉필金宏弼, 1454~1504년의 문하가 되었다.

    조광조는 1515년중종 10년 알성시에 급제한 후 성균관 전적을 시작으로 사헌부 감찰, 사간원 좌정언, 홍문관 수찬, 홍문관 부제학, 사헌부 대사헌종2품 등을 역임하였다. 그는 중종의 신임을 바탕으로 미신타파를 내세워 소격서昭格署를 혁파하였고, 천거제인 현량과賢良科를 실시하여 사림들을 대거 등용하였다.

    훈구파勳舊派를 몰아내는 등 급진적인 개혁정치를 펼쳤으나, 훈구파

정암 조광조 선생이 유배생활을 하던 초가집(복원)

의 반격을 받아 1519년중종 14년 11월 15일 밤에 투옥되고, 17일 오전에 능주를 향해 유배를 떠났다. 조광조가 능주에서 유배생활을 한 것은 보름 정도이며, 유배지라기보다는 사약을 마시고 죽은 장소에 불과하다.

조광조는 11월 17일 유배를 떠나 능주에 도착하여 달포를 보낸 후 12월 16일 사형에 처하라는 왕명이 내려졌고, 나흘 뒤인 12월 20일 사약이 도착했다. 조광조가 사약을 마시고 죽어간 능주는 단순한 장소가 아니라 호남 유림의 성장과 발전에 절대적인 영향을 미친 성지가 되었다.

유배지에서 조광조의 속마음을 가장 잘 보여 주는 것으로 '능성적중시綾城謫中詩'를 들 수 있다.

> 누가 이 몸을 마치 활 맞은 새 같다고 가련히 여기는가
> 나 스스로 말 잃은 늙은이 마음같이 웃고만 있네
> 원숭이가 짖고 학들이 울어대지만 나는 돌아가지 못하리
> 엎어진 독 안에서 나올 수 없다는 것을 어찌 알 수 있으리.

조광조는 자신의 처지를 '활 맞은 한 마리 새'로 비유하고, 마음은 '말 잃은 늙은이'로 표현하였다. 조광조는 중종이 자기를 다시 부를 것이라는 실낱같은 기대를 저버리지 않고 있었던 것 같다. 조광조의 능주 유배생활 중에 위안이 되었던 유일한 친구는 능주 출신의 학포 양팽손梁彭孫이었다.

양팽손은 1510년중종 5년 사마시에 합격한 후 사간원 정원, 홍문관 교리에 있으면서 조광조 등 사림과 함께 개혁정치를 펼쳤던 인물이다. 양팽손 역시 기묘사화로 파직당한 후 고향에 내려와 있던 참이었다. 화순 능주로 유배지가 정해지면서 둘은 운명적으로 다시 만나 서로를 위로하였다.

하지만 그 위로는 한 달을 채 넘기지 못했다. 조광조를 찾아온 금부

조광조 선생 적려유허지의 애우당(愛憂堂) 현판

도사 유엄의 손에 사약이 들려 있었기 때문이다. 조광조는 방으로 들어가 새 옷으로 갈아입고, 제자 장잠張潛으로 하여금 지필묵을 준비하라 일렀다. 그는 다음과 같은 '절명시絕命詩'를 남겼다.

임금 사랑하기를 아버지 사랑하듯 하였고(愛君如愛父)

나라 근심하기를 집안 근심하듯 하였노라(憂國如憂家)

밝은 해가 아래 세상을 내려다보고 있으니(白日臨下土)

거짓 없는 이내 정성을 환하게 비추리라(昭昭照丹衷)

조광조는 절명시를 짓고 나서 주위 사람들에게, "내가 죽거든 관으로 쓸 나무는 얇은 것으로 하라. 두껍고 무거운 송판을 쓰면 먼 길 가기 어렵기 때문이다"라는 유언을 남겼다. 조광조는 곧바로 마당으로 나가 땅에 무릎을 꿇고 사약을 받았다. 이때가 38세였다.

조광조의 사망 후에 양팽손은 시신을 손수 염하여 자신이 사는 쌍봉사 근처 중조산에 가묘를 만들었다. 양팽손이 없었다면 조광조의 시신은 들판에 버려졌을지도 모른다. 그리고 이듬해 봄 상여가 용인 심곡리로 떠나갈 때 박상朴祥이 작별의 시 한 수를 남겼다.

무등산 앞에서 서로 손을 붙잡았는데
소가 끌고 가는 상여 외롭게 고향으로 가는구나.
후일 지하에서 만나더라도
인간사 그릇된 일 더 이상 말해 무엇할까.

조광조의 신원이 복원된 후 1667년현종 8년 능주목사 민여로가 유허비를 세워 선생의 숭고한 뜻을 기렸다. 적려유허비 앞면에는 '정암 조선생 적려유허추모비'라고 새겨진 총 12자의 해서체 글씨가 세로 두 줄로 6자씩 적혀 있고, 뒷면에는 추모 내역이 한문으로 적혀 있다. 이 비는 조광조 사후 150여 년 후에 건립되었는데, 송시열이 지은 비문을 송준길의 글씨로 새겨 놓았다.

한천 죽수서원 자리에 남아 있는 유지추모비(遺址追慕碑) 모습

정암 조광조 선생 적려유허비, 김병택

근래에 이르러 적려유허비가 위치한 곳에 3칸 초가집과 영정각, 강당 등으로 구성된 유허지가 조성되었다. 담장 안의 첫 건물인 애우당愛憂堂은 그의 절명시 '임금 사랑하기를 아버지 사랑하듯 하였고, 나라 근심하기를 내 집 근심하듯 하였노라' 의 첫 글자인 애愛와 우憂에서 취하였다.

  애우당 안쪽에는 적중거가로 사용된 초가집과 영정각이 있다. 복원된 적중거가는 방 두 칸, 부엌 한 칸의 초라한 3칸 집으로 조광조의 귀양살이 형편을 잘 보여 준다. 또한 한천면 모산리에는 조광조와 양팽손의 위패를 모신 죽수서원竹樹書院이 있다. 조광조와 양팽손, 둘은 죽어서도 영원한 친구가 되었다.

  한편 조광조 선생의 유배지로 알려진 능주는 전주, 나주 등과 더불어 영화를 자랑하던 목사골이었지만, 지금은 전국에서 가장 쇠퇴한 '주州' 자 돌림의 지역이다.

  전남도에서는 정체된 능주 지역을 개발하기 위해 2008부터 2012년까지 총 457억 원을 투입, 5일 시장 현대화사업 등 정주생활 개선사업과 행복마을 조성사업 등을 추진하고 있다. 또한 다목적 복지회관, 마을 하수관거 정비 및 신규 택지개발 등 능주면 소재지 정주생활 환경을 종합적으로 정비·확충함으로써 지역의 중심 공간으로 조성하려는 계획을 추진중이다.

  이와 더불어 능주목의 역사성을 살린 목사골 복원화 사업 및 향토

음식촌 조성으로 옛 능주의 명성을 되찾아 중심 거점 지역으로 개발한다는 복안을 갖고 있다. 그러나 여러 가지 이유로 사업 추진이 지지부진한 실정이며, 조광조 유배지의 확장개발 및 지석천변 공원화 사업과 병행하여 실시해야 효과의 극대화를 도모할 수 있다. 특히 개발계획은 수립되어 있으나 관련 사업이 전혀 추진되지 않고 있는 조광조 유배지에 대한 적극적인 조치가 필요한 실정이다.

이와 관련하여 조광조 선생의 유배지를 애초의 계획대로 역사교육장으로 개발할 필요가 있다. 현재 200평 규모의 유배지 인근 토지 9,000여 평을 매입해 호남 사림 역사문화관과 자료전시관 등을 건립했으면 한다.

또한 조광조 선생의 유배 장면을 재현하는 조형물을 설치하고 조선시대 형벌과 과거시험 체험장, 능주목 관아 등을 복원해 관광객들이 조선시대 당시의 생활상을 직접 체험할 수 있는 공간을 마련할 필요가 있다.

이를 통해 조광조 선생 유배지를 호남 사림문화의 발현과 계승의 거점지 등으로 개발하여 역사체험 교육장 및 중·고생 수학여행 코스 등 관광자원으로 활용했으면 한다.

능주 포충사의
퇴락에 눈물 흘리다

한천면 모산리 산15번지 일대에는 최경회 선생을 비롯하여 경암 문홍헌文弘獻, 청계 구희具憙, 상의재 오방한吳邦翰, 월헌 조현曺顯 등 화순 출신 다섯 분의 위패를 모시는 포충사褒忠祠의 옛 터가 남아 있다. 포충사는 사액 사우임에도 불구하고 고종 때 훼철된 후 유허비만 남긴 채 폐허화되다시피 하였다.

포충사 옛 터에 1984년 정면 3칸, 측면 3칸의 팔작지붕 유물관을 세우고 최경회 등 5위의 위패를 모시고 있다. 포충사가 처음 건립된 시기는 문헌에 따라 차이가 있는데, 1605년선조 38년, 1609년광해군 1년, 1609년광해군 1년 등으로 이해한다.

포충사는 김경우金慶遇가 사액을 청하는 청액소를 올려 1609년 무렵

포충사 유물관 근경

에 사액서원이 되었다. 1630년인조 8년에는 이귀李貴의 계청啓請에 따라 임진왜란 때 최경회와 함께 순절한 문홍헌을 배향하였고, 1655년효종 6년에는 도내 유림의 발의로 을묘왜란 때 달량진에서 순절한 조현을 추배하였다.

1860년철종 11년에 이르러 최경회와 함께 전사한 구희를 추배하려 하였으나 서원 철폐령으로 실현되지 못하였다. 이때 향유 문사휴文泗休, 민익방閔翼邦 등 35인이 추배를 건의하였다. 포충사는 대원군 때의 서원 철폐령으로 훼철되어 설단제향設壇祭享으로 명맥을 이어오다가 1923년

남 도   역 사 문 화   기 행 _ 화 순 편

과 1967년에 각각 구희와 오방한을 추배하여 오늘에 이르고 있다.

포충사에 배향된 인물 중에서 최경회를 제외한 네 분의 주요 약력을 살펴보면 다음과 같다.

조현曹顯, 1535~1555년의 자는 희경希慶, 호는 월헌月軒, 본관은 창녕이다. 절효공節孝公 억억의 아들로 능주에서 태어났다. 그는 1552년명종 7년 무과에 급제하고 을묘왜변 때 달량진현 해남 남창의 권관權管으로 있으면서 도원수 이윤경李潤慶과 함께 왜적을 맞아 선전하였으나 달량진 전투에서 순절하였다. 조현은 왜변이 끝난 2년 후에 병조참의로 추증되었으며, 선조 11년에는 조정에서 예관禮官을 보내 제사케 하였고, 1665년현종 6년 포충사에 배향되었다. 1702년에는 능주 유생 구삼익具三益의 상소로 정려旌閭를 받았다.

문홍헌文弘獻, ?~1593년의 자는 여징汝徵, 호는 경암慶庵, 본관은 남평이다. 이이李珥의 문인으로 1582년에 진사가 되었으며, 임진왜란이 일어나자 300명의 의병을 이끌고 고경명의 휘하에서 활약하였다. 군량미를 모으기 위해 동복에 머물고 있을 때 고경명의 금산 패전 소식을 들었다. 그는 사돈인 최경회와 함께 화순 의병을 이끌고 금산으로 달려갔으며, 제2차 진주성 전투에서 분전하다가 성의 함락으로 순절하였다. 1675년숙종 1년에 정려를 받았고, 1691년숙종 17년에 유학 윤유尹瑜의 상소로 사헌부지평에 추증되었다.

구희具喜, 1552~1592년의 자는 신숙愼淑, 호는 청계淸溪, 본관은 능성綾城

이다. 일찍이 고봉 기대승의 문하에 들었고 임진왜란이 일어나자 의병 500명을 이끌고 고경명의 막하로 달려갔으며, 최경회를 따라 진주성 전투에 참전하였다. 문홍헌 등과 함께 용전하다가 성의 함락으로 장렬하게 순절하였다. 1697년숙종 23년에 정려되고 의정부찬성으로 추증되었고, 1860년철종 11년에 이조참판에 증직되었다. 포충사에 배향토록 되었으나 서원 철폐령으로 실현되지 못하다가 1923년에 설단배향되었다.

오방한吳邦翰, 1574~1593년의 자는 원중元仲, 호는 상의재尙義齋이다. 보성 박광전朴光前의 문인으로 어려서부터 무예에 뛰어나 1590년선조 23년 무과에 급제한 후 개운만호開雲萬戶와 부산첨사 등을 역임하였다. 임진왜란이 일어나자 구희, 문홍헌, 박혁기朴赫起 등과 창의倡義하여 계사년 진주성 전투에서 최경회의 막하로 분투하다가 순절하였다. 병조판서에 추증되었고, 1967년 포충사를 복설復設할 때 추배되었다.

화순 유림과 뜻 있는 분들의 많은 노력에도 불구하고 포충사는 겨우 유물관을 세웠을 뿐 다른 부속 건물들의 수축은 이루어지지 못하고 있다. 포충사의 고색창연하던 옛 건물들은 400여 년의 세월 속에 무너져 내리고 유허비와 담장, 흩어진 기와, 우물옹달샘의 흔적만 남아 있을 뿐이다.

역사적 가치만큼이나 소중한 포충사를 복원하여 후손들이 선열의 기개와 뜻을 이어받을 수 있는 공간으로 적극 활용했으면 한다.

남산 밑 쌍충각을
지나며 옷깃을 여미다

화순읍 광덕리 2구에는 쌍충각雙忠閣으로 불리는 충신각이 있다. 쌍충각의 현재 위치는 삼천리 방면에서 남산으로 올라가는 진입로 옆에 자리한다. 쌍충각은 원래 삼천리 4구에 해당하는 이압정마을에 있었는데, 일본 침략기에 복암선 철도 부설로 인해 현재 위치로 이전하였다.

이압정마을의 솔대거리에는 아이 다섯 명이 안을 정도로 큰 이팝나무가 있었다고 한다. 철도가 지나면서 쌍충각을 옮기고 이팝나무 한 그루를 베어내려던 어느 날 목수가 "누가 이 나무 벨 사람이 없는가" 하고 나무를 발로 찼는데, 그날 밤 목수는 죽고 말았으며 안개가 자욱하던 날 나무가 스스로 부러져 버렸다는 이야기가 전해진다.

쌍충각 근경

　이압쟁이의 뜻은 이팝나무가 많이 자라고 있어 봄에 꽃이 피면 마
치 쌀밥처럼 하얗다고 하여 생겨났다. 지금도 철도 건너편에 이팝나
무 한 그루가 남아 있다. 1789년에 작성된 호구총수에는 화순현和順縣
읍내면邑內面 이식정리梨食亭里, 1912년에 작성된 지방행정구역명칭일
람에는 능주군 읍내면 이식정梨食亭으로 기록되어 있다. 1914년 행정
구역 개편 때 화순군 화순면 삼천리로 편입되었다.

　쌍충각은 이팝나무가 있는 삼천리 천변에 자리잡고 만고풍상을 거치
며 화순 사람들의 정신적 구심처 역할을 해 온 셈이다. 세월의 풍상을

이기지 못하고 퇴락하였고, 일제의 간섭기에 철도가 부설되면서 현재의 남산 언덕으로 자리를 옮겨 개수되었다.

쌍충각은 병자호란 때 의병을 일으켜 우국충절을 다한 조수성曺守誠과 조엽曺熀 두 분을 배향하는 곳이다. 호남을 대표하는 의병장으로 임진왜란 때 최경회가 있다면, 병자호란의 의병장으로는 조수성을 거론할 수 있다. 조수성은 본관이 창녕昌寧이며, 병조판서 흡恰의 후손으로 현감 굉중閎中의 아들이다.

그는 1606년선조 39년 사마시에 합격하였으며, 학문이 정미精微하고 언행이 독실하여 집에 있을 때에도 법도가 있었다고 한다. 1636년인조 14년에 병자호란이 일어나자, 종질 엽熀과 읍 사람 최명해崔鳴海, 임시태林時泰 등과 더불어 창의하여 격문을 사방에 돌려 군량軍粮을 모집하였다.

청군의 갑작스런 침입을 받아 인조도 강화로 가려고 하였으나, 적군이 길을 가로막아 남한산성으로 피난했다. 인조는 남한산성의 방어 전략을 세우고 사기진작에 힘썼으며 팔도에 교서를 내려 근왕병勤王兵을 모집하였다. 그러나 적의 선봉이 16일에 남한산성에 도달하여 25일에는 완전히 포위되고 말았다.

성중에서는 가끔 출격하여 기세를 올리기도 하였으나 혹한과 식량 부족으로 비참한 지경이었다. 성중에 포위된 인조는 원병援兵을 기대하고 있었으나, 청군의 기세에 눌려 만족할 만한 전과를 올리기 어려운

쌍충각 측면

실정이었다. 전라병사 김준용의 군사가 용인에서 적장을 죽이고 기세
를 올렸으나 이 또한 역습으로 후퇴하고 말았다.

남한산성에 갇힌 인조는 고립무원의 상태에서 10만 명의 청군과 대
치할 수밖에 없었다. 양측의 화의교섭이 이루어져 20여 일 간 양국 사
신이 오갔다. 그 와중에 남한산성에 포위된 임금과 종묘사직을 구하
기 위하여 각지에서 의병들이 구름처럼 일어났다.

화순에서는 조수성과 그의 종질 조엽 등이 의병을 조직하였다.
이들은 1636년 12월 25일 아침 교서를 받고 즉시 거의擧義를 알리는

격문을 사방으로 보냈다. 조수성은 광주유사에 고전립, 나주유사에 유준, 능주유사에 양우전, 남평유사에 서행, 순천유사에 김시호, 동복 유사에 정호민 등을 선정하여 급파하였다.

그리고 화순현의 객사에 의병청을 설치하고 모병과 훈련을 실시하 면서 전열을 가다듬었다. 조수성은 다음 해 1월 11일 500여 명의 의 병을 이끌고 출정하여 전주를 거쳐 19일 여산에 도착하여 이흥발, 이 기발 형제의 의병과 합류하였다. 1월 25일에는 각지의 의병이 회맹하 여 책임자와 부서를 정하였다.

조수성은 의병을 총괄하는 도대장이 되었다. 그 휘하로 편재된 의 병 진영을 보면 중군 의병대장 이흥발, 전군 의병대장 이기발, 우군 의병대장 유집, 좌군 의병대장 최온, 후군 의병대장 조광, 향도대장 조원겸, 주병대장 배홍립, 상종사 조수천 등이 선임되었다.

이들 의병부대는 1월 29일 청주에 도착하여 적정을 탐색하고 교전 을 준비하였다. 그러나 남한산성의 행궁에 머무르고 있던 인조는 전 세가 위급하여 삼전도三田渡에서 신하의 예로써 청나라 태종에게 항복 하고 말았다. 소현세자 및 세자빈과 봉림대군을 비롯한 신료들이 피 난하고 있던 강화가 함락되는 계기가 되었다.

양국 사이에 화의가 굴욕적 조건 하에 체결되고 소현세자와 봉림대 군이 인질로 끌려가면서 병자호란은 일단락되었다. 조수성이 이끄는 의병 진영이 2월 4일 군비를 갖추고 진군하려 할 때 강화가 체결되었다는 소식을 접하였다. 조수성은 2월 15일 부대를 해산한 후 화순 지역의 의병을 이끌고 귀향하였다.

　조수성은 전란이 끝난 후 참판 김반金槃이 천거하여 헌릉참봉獻陵參奉에 제수되었으나 나아가지 않았다. 세상 일에 뜻을 끊고 일생을 마쳤다. 도내의 사림들이 건의하여 산산蒜山, 화순읍 남산의 역정사에 배향되었다. 남산을 오르내리는 사람들은 쌍충각을 지나면서 옷깃을 여미고 선열의 고매한 기상과 의기를 추념했으면 한다.

기축옥사와
화순 사람 조대중의 피화被禍

화순읍 다지리 2구에는 최근에 지어진
고풍스럽고 아담한 지곡서원芝谷書院이 자리하고 있다. 서원은 마을로
부터 약 2km 정도 떨어진 언덕 위에 위치하는데, 전면에 강당 1개와
후면에 사당이 놓인 전학후묘형前學後廟型으로 이루어졌다.

지곡서원은 조흡曺恰을 비롯해서 조대중曺大中, 조수홍曺守弘, 조수성
曺守誠, 조엽曺熀의 위패를 봉안한 사당 부일사와 강당인 지곡서원으로
구성되어 있다.

지곡서원에 배향된 인물 중에서 조대중은 조선 선조 재위 시에 일어
난 기축옥사 때에 희생된 저명한 유학자이다. 기축옥사는 1589년선조
22년 10월 2일 황해도 관찰사 한준, 재령군수 박충간 등이 정여립이

지곡서원 부일사 전경

역모를 꾀했다고 고변하면서 시작되었다. 정여립과 교류관계가 있었
던 다수의 사림이 연좌되어 화를 입는 등 사화로 확대되었는데, 호남
의 사림이 혹심한 피해를 입었다.

　동복 유생 정암수丁巖壽를 비롯한 50여 명이 호남지방의 사림들이
정여립 사건에 다수 연루되었다는 상소를 올렸다. 화순 지역에 거주
하던 조대중을 비롯하여 형 조민중, 조카 조수훈과 조수성, 아들 조수
홍, 조수흠, 조수경, 조수정 등이 피화의 대상이 되었다.

　기축옥사 와중에 일어난 조대중 일가와 정암수 일파의 대립은 동인과 서인 사이에 발생한 학파 대립에서 기인한다. 또한 정암수 일파는 동복 출신이고, 조대중 일가는 화순이 세력 기반이었다. 양측의 대립은 정암 조광조와 신재新齋 최산두崔山斗가 기묘사화로 각각 능주와 동복에 유배되고, 향리에 은거하던 학포 양팽손 등을 거치며 사림의 성장 과정에서 일어난 학파 간의 분당에서 기인한다.

능주 지역은 죽수서원을 중심으로 사림들의 움직임이 활발해졌고, 동복지방은 신재의 학통을 잇는 새로운 학맥이 형성되었으며, 동복현감으로 부임해 온 석천 임억령1533년 부임과 한강 정구1584년 부임의 영향을 크게 받았다. 중앙 정치무대에서 일어난 학파의 대립과 갈등은 지방으로 파급되었는데, 그 와중에 기축옥사가 일어나면서 조대중 일가는 큰 피해를 입게 되었다.

기축옥사는 3년여에 걸쳐 진행되어 1,000여 명의 동인계東人系 인사들이 피해를 입었다. 그리하여 전라도는 반역향으로 불리게 되었고, 호남 지역 사류 간 반목과 대립이 후대까지 이어져 여러 가지 문제를 낳게 되었다.

서인에 속한 정철鄭澈이 옥사를 엄하게 다스려 동인에 대한 박해가 더욱 심해졌다. 이발李潑, 이길李洁, 김우옹金宇顒, 백유양白惟讓, 정언신鄭彦信, 홍종록洪宗祿, 정언지鄭彦智, 정창연鄭昌衍 등이 처형 또는 유배당하였다. 이발은 정여립의 집에서 자신이 보낸 편지가 발견되어 다시 불려가 고문을 받다가 죽었으며, 그의 형제와 노모, 자식들까지도 모두 죽임을 당하였다.

동인이 더욱 참혹한 피해를 입게 된 계기는 정암수를 비롯한 50여 명이 다수 인사들이 정여립 사건에 관련되었다는 상소를 올린 것이 계기가 되었다. 이 사건에 이산해李山海, 나사침羅士忱, 나덕명羅德明, 나덕준羅德峻, 정인홍鄭仁弘, 한효순韓孝純, 정개청鄭介淸, 유종지柳宗智, 김우굉金宇宏, 윤의중尹毅中, 김응남金應男, 유성룡柳成龍, 유몽정柳夢井, 조대중曺大中, 우성전禹性傳, 남언경南彦經 등 30여 명이 연루되어 처형되거나 혹은 유배되었다.

정암수 일파의 상소로 조정의 동인계 고관과 조대중을 비롯한 호남지방 사류가 다수 연좌되어 큰 피해를 입었다.

조대중의 본관은 옥천玉川이며, 자는 화우和宇, 호는 정곡鼎谷으로 이황李滉의 제자이다. 1576년선조 9년 진사시에 합격하였고, 1582년 식년 문과에 병과로 급제하였다.

1589년 전라도도사全羅道都事로 지방을 순시하던 중 보성寶城에 이르러 부안扶安에서 데려온 관기官妓와 이별할 때 눈물을 흘렸는데, 당시 반란 음모로 처형된 정여립의 죽음을 슬퍼한 것으로 왜곡되었다. 조대중은 정여립의 일당으로 몰려 의금부에 갇혔고, 이듬해 국문鞫問을 받던 중 곤장을 맞고 죽었다.

조대중이 국문을 받던 중 읊은 시가 대사헌 심수경沈守慶에 의해 '난언亂言, 막된 소리'으로 치부되어 죽은 뒤 추형追刑을 당하였다. 그 시가

근대의 유학자 하겸진河謙鎭의 〈동시화東詩話〉 권 2에 실려 있다.

한편 조대중은 충무공 이순신과 아름다운 우정을 나누기도 하였다. 조대중이 기축옥사에 연루되어 옥에 갇혔는데, 사건을 조사하던 관리가 이순신을 흠모하여 두 사람이 주고받은 편지를 감추려 했다고 한다. 이순신은 공무를 사사로이 그르쳐서는 안 된다며 자신의 편지 또한 조사를 받게 했으나 문안 편지여서 그냥 넘어갔다고 한다.

또한 조대중이 옥에 갇히자 찾아가 그를 위로하는 등 벗으로서의 우의를 지켰다는 내용이 유성룡이 지은 〈징비록〉에 전한다.

조대중 일가는 기축옥사에 연루되어 극심한 피해를 입었지만, 조수성과 조엽 등이 병자호란이 일어났을 때 화순 지역 의병운동의 중심이 되어 가문의 명예를 되찾을 수 있었다.

조대중은 화순읍和順邑 오현사五賢祠에 배향되었으며, 서태리西台里에 그를 기리기 위해 1975년에 지은 정곡정鼎谷亭이 있다. 시문집에 〈정곡집〉이 있다.

도원서원에서
최산두의 절의를 생각하다

동복 연월리 마을 뒤의 나지막한 산기슭
에는 도원서원道源書院이 자리하고 있다. 도원서원은 신재 최산두 선생
을 수좌首座로 하여 석천石川 임억령林億齡과 한강寒岡 정구鄭逑, 우산牛山
안방준安邦俊 등 사현四賢을 배향한 사액서원이다.

도원서원은 4위를 배향하는 사당祠堂과 강학講學 공간인 동재東齋와
서재西齋로 구성되었다. 동재에는 숭의재崇義齋, 서재에는 집성재集誠齋
와 '도원서원'이라는 현판이 걸려 있다. 서재는 강의를 했던 강당이
며, 동재는 원장인 도유사都有司와 손님들이 묵는 방이다.

또한 바깥 출입을 위한 외삼문인 건공문虔恭門과 사당으로 연결되는
내삼문인 발일문撥一門이 있는데, 두 문 모두 맞배지붕 솟을대문이다.

도원서원 전경

해마다 음력 3월 10일이면 춘향대제를 지낸다. 2001년 7월 화순군 향
토문화유산 제4호로 지정되었다.

사당에는 신재 선생을 비롯하여 네 분의 위패가 모셔져 있다. 기묘명
현己卯名賢이자 호남도학의 사종師宗으로 추앙받고 있는 최산두 선생은
1482년성종 13년 4월 10일 광양시 봉강면에서 태어났다. 본관은 초계
草溪, 자는 경앙景仰, 호는 신재新齋이다. 어머니 꿈에 북두칠성의 광채
가 백운산에 내렸다 하여 이름도 산두山斗라 지었다 한다.

신재는 광양 봉강면 부저리에서 태어나 15세 때에 〈통감강목通鑑綱目〉

80권을 가지고 석굴에 들어가 3년 동안 글을 읽는 등 문장과 필법에 뛰어났다. 이때 석굴에다 '자류동학사대自流洞學士臺'라는 글을 손수 새겼는데 500년이 지난 지금도 뚜렷이 남아 있다. 석굴 위에 정자를 세워 학사대學士臺라고 이름하였다.

신재는 순천에 유배 중이던 한훤당 김굉필 문하에서 최부의 사위 유계린 등과 함께 공부하였다. 1513년중종 8년에는 문과에 급제하였으고, 2년 후 홍문관 박사를 거쳐 홍문관 수찬, 정언 등을 역임하였다. 이조정랑, 장령, 사인으로 승진하였다. 조광조, 김정, 김안국 등과 교유하였는데, 당시 사람들이 낙중군자洛中君子라고 불렀다.

최산두는 경연에서 〈성리대전性理大全〉을 강론할 28인 중의 한 사람으로 뽑힐 만큼 성리학에 조예가 깊었다. 당시 사람들은 최산두와 윤구, 유계린의 큰아들 유성춘을 호남 3걸이라 불렀다. 중종은 신재에게 옥홀玉笏을 하사하였는데, '옥홀'은 벼슬아치가 임금을 알현할 때 관복에 차는 부장품에 해당한다. 이 옥홀은 1974년 전남도 유형문화재 제40호로 지정되었다.

그러나 사림파의 급속한 개혁에 불만을 품은 훈구파의 모함을 받아 기묘사화의 화禍를 입어 37세 때 동복에 유배되어 14년 동안 머물렀다. 신재는 유배생활 중 마음을 다스리며 산천을 거닐다가 화순적벽의 빼어난 경치에 그만 넋을 잃었다고 한다.

푸른 강물 위의 깎아지른 듯한 절벽이 소동파의 '적벽부'에 묘사된

최산두가 즐겨 찾던 물염정 옆에 위치한 물염적벽 전경

진경眞景으로 보고 적벽이라 하였는데, '화순적벽'이라는 명칭의 기원
이 되었다. 적벽은 노루목적벽, 창랑적벽, 물염적벽, 보산적벽으로 이
루어져 있다.

신재는 세상 어느 것에도 물들지 않고 티끌 없이 살겠다는 의미의
물염정에 올라 '제물염정題勿染亭'을 남겼다. 이 시는 아쉽게도 4구 중
에 2구만 남아 있다.

백로가 고기 엿보는 모습 강물이 백옥을 품은 듯하고(江含白玉窺魚鷺)

노란 꾀꼬리 나비 쫓는 모습 산이 황금을 토하는 것 같네(山吐黃金進蝶鶯)

신재는 오랜 기간 동안 동복에서 귀양살이를 하며 후진양성에 많은 기여를 하였다. 하서河西 김인후1510~1560년, 미암眉巖 유희춘1513~1577년 등과 교류를 하였다. 1527년 어느 날, 장성에 사는 하서 김인후와 미암 유희춘이 함께 최산두를 만나러 왔다.

18세의 하서는 평소 술을 잘 마신다고 소문난 신재를 위해 술 한 통을 준비해 왔다. 하서는 열흘간 머물면서 신재 선생에게 굴원의 〈초사楚辭〉를 배웠다. 하서는 신재가 '술 남았느냐'고 물었던 말을 기억하면서 두보의 시에 화운하여 사위 경범景范에게 시 2수를 지어 보냈다.

제1수

신재 선생께서 나복현에 유배 와서는(神齋蘿葍縣)

술 남았느냐고 첩에게 물었다네(問妾酒留甁)

떠다니는 세상이라 유난히 느낀 게 많아(浮世偏多感)

석양에도 취한 술 깨지를 않네(斜陽未覺醒)

제2수

원릉은 슬프게도 눈이 하얗고(園陵悲雪白)

친구들은 멈춘 구름을 보면서 한스러워하네(親友恨雲停)

적막한 곳을 그 누가 찾아오려나(寂寞誰相問)

나 혼자 깨어 있는 걸 자랑할 마음 없네(無心詫獨醒)

하서 김인후가 시를 통해 잘 묘사하였듯이 최산두의 삶은 굴원의 〈초사〉나 도연명의 〈귀거래사〉와 비슷하였다. 김인후는 최산두의 가르침을 "의용이 명랑하고 빼어나며 사기가 크고 넓어 탄복했다"고 회상하였는데, 최산두도 김인후를 '가을 맑은 물 얼음 담은 항아리' 라고 칭찬하였다.

최산두는 동복현으로 귀양 온 지 14년 만에 자유의 몸이 되었다. 조광조의 죽음과 함께 개혁정치는 물거품으로 돌아가고, 최산두는 그 장렬하고 고매한 뜻을 펴지 못한 채 한적한 동복에 유배되어 술로 세상을 달래다가 죽음을 앞두고 풀려나 한 많은 세상을 마감하였다.

하서 김인후는 '제문' 에서 신재를 회상하고 있다.

외롭다, 귀양살이
외떨어진 삶, 세상을 잊었다오
술잔만이 임의 사랑
읊조리며 노니셨네

신재가 죽은 지 130년 후인 1668년에 귀향살이 하던 곳에 도원사가 세워졌으며, 1679년에는 석천 임억령 등이 추향되었다. 1688년숙종 14년 '도원道源' 이란 사액을 받으면서 도원서원으로 불렸으나 1868년 고종 5년 서원 철폐령에 따라 훼철되었다.

도원서원 신실(도원사)

초계최씨草溪崔氏 후손들에 의해 1975년 유허비가 세워졌으며, 1977년
과 1978년 각각 사당과 동서재가 복원되었다. 도원서원은 2001년
7월 화순군 향토문화유산 제4호로 지정되었으며, 초계최씨 대종회장
인 최철규 등이 향사를 주관하고 있다.

도학道學의 산실로 자리매김 해 온 도원서원. 숱한 세월이 흘렀지만
기묘명현 신재 최산두를 비롯한 고매한 뜻과 기상을 품었던 선인의
얼과 혼은 도원서원의 구석구석에 스며 있다.

양팽손과 쌍봉 학포당

이양에서 쌍봉사를 향해 가다보면 왼쪽으로 쌍봉마을이 위치한다. 쌍봉마을의 가운데는 오래된 아름드리 은행나무가 멀리서도 웅장한 자태를 보이며, 그 밑에는 양팽손 선생이 관직에서 물러나 책을 읽던 학포당學圃堂이 자리한다.

양팽손은 조선 중종 때의 선비이며 기묘명현己卯名賢 가운데 한 사람으로 알려져 있다. 그는 1480년에 태어났으며 본관은 제주濟州, 자는 대춘大椿, 호는 학포學圃, 시호는 혜강惠康이다. 양팽손은 송흠宋欽, 1459~1547년 문하에서 수학했으며, 1510년중종 5년에 조광조趙光祖와 함께 생원시에 합격하였다.

양팽손은 생원시에 같이 등과한 조광조와 평생 뜻을 같이하였다.

조광조는 양팽손의 인품에 대하여 "더불어 이야기하면 마치 지초나 난초의 향기가 사람에서 풍기는 것 같고 기상은 비 개인 뒤의 가을 하늘이요, 얕은 구름이 막 걷힌 뒤의 밝은 달과 같아 인욕人慾을 초월한 사람"이라고 평하였다.

양팽손은 1516년 식년문과에 갑과甲科로 급제하여 공조 좌랑, 형조 좌랑, 사관원 정원, 이조 정랑, 홍문관 교리를 역임했다. 그는 1519년 교리로 재직 중에 기묘사화를 당하여 관직에서 물러난 후 쌍봉리에 학포당을 건립하여 강학講學과 시화詩畵로 세월을 보냈다. 50세에 관직이

학포당 전경, 사진(홍진석)

회복되었고, 타계하기 1년 전인 1544년에 용담현령龍潭縣令을 지냈다.

　양팽손은 문장뿐만 아니라 서화에 능하였으며, 특히 그의 산수화는 호남 화단畵壇의 선구적인 역할을 하였다. 국립중앙박물관에 소장된 산수도는 16세기 한국 회화사를 엿볼 수 있는 작품으로 조선이 일본 회화에 끼친 영향 등 양국 회화 교류의 측면에서 자주 거론된다.

　사람은 가고 세월은 하염없이 흐르지만 학포당 옆에 서 있는 은행나무는 500년의 역사를 간직하며 의연한 자태를 뽐내고 있다. 이 은행나무는 양팽손이 학포당을 세울 때 심은 것으로 추정된다.

현재의 학포당은 양팽손이 세운 당시의 서재가 중간에 퇴락하여 1920년대에 후손들이 지은 것이다. 학포당은 앞면 3칸, 옆면 3칸 규모로 지붕은 옆면에서 볼 때 여덟 팔八자 모양인 팔작지붕으로 꾸몄다. 그리고 1994년 양씨 문중이 중심이 되어 학포당을 보수하였고, 1995년에 외삼문을 원래대로 지었다. 1996년에 담장을 설치했으며, 1997년에 담장 보수를 하였다.

백아산의 철쭉은
왜 그리도 붉은가

백아산은 석회석으로 이루어진 바위산
이 마치 흰 거위들이 모여 앉은 듯한 모양을 하여 붙여진 이름이다.
백아산의 한자는 흰 백白 거위 아鵝를 쓰며, 서쪽으로 무등산과 남으
로 모후산을 연결하며 기운차게 뻗은 채 남북 능선이 장벽처럼 솟아
있다. 또한 멀리 동쪽으로 지리산의 천왕봉까지 조망될 만큼 시야가
탁 트여 있다.

백아산의 정상은 해발 810m의 매봉으로 불리는데, 봄철에 오르자
면 자생하는 희귀종 고산 철쭉이 군락을 이루며 붉은 자태를 뽐낸다.
5월에는 해발 756m의 마당바위 부근에 있는 약수터 일대에서 6·25
희생자의 넋을 기리는 위령제와 철쭉제를 개최한 지 12년이 되었다.

백아산 원경, 사진(홍진석)

매년 백아산 마당바위 옆 제단에서 진행해 온 행사를 올해에는 접근성이 좋은 휴양림으로 옮겨 개최하였다. 백아산 철쭉제는 다양한 축하행사와 먹거리 장터를 통한 특산품 판매와 아름다운 풍광을 널리 알리는 홍보마당이 되고 있다.

　철쭉제가 흥취를 더해 가는 마당을 뒤로 하고 능선을 따라 오르노라면 상여바위, 절터바위, 마당바위, 천불봉, 문바위 등 기암괴봉이 널려 있다. 백아산의 수려한 자태는 철쭉과 조화를 이루는 봄이 되면 더욱 그 고운 자태를 드러낸다. 백아산의 고산 철쭉은 유독 그 색깔이 선홍색 붉은빛을 띤다.

　백아산 철쭉은 6·25 동족상잔의 와중에 채 못다 핀 젊은 청춘들이 쓰러져 가며 흘린 피를 머금어 더 붉지 않나 생각해 본다. 백아산 일대는 한때 남로당 전남도당과 빨치산 본부가 설치될 만큼 피어린 전적지였다. 백아산이 위치한 북면 일원뿐만 아니라 화순 전역이 소탕과 보복의 악순환이 오랫동안 이어지며 아수라장이 되었다.

　화순 지역의 참혹상은 산간지대에 위치한 북면과 이양, 청풍뿐만 아니라 화순읍도 그 소용돌이에서 벗어나지 못하였다. 백아산 일대에 빨치산이 출몰하기 시작한 것은 6·25전쟁이 일어나기 두 해 전인 1948년 10월 무렵이었다. 여순사건 이후 국군토벌대에 밀린 잔당과 화순 지역의 일부 좌익사상을 가진 사람들이 백아산에 은닉하여 민가로부터 식량 등을 약탈하기 시작하였다.

백아산의 봄, 박득규

　이들을 토벌하기 위해 1949년 10월 국군 15연대 3대대가 북면으로
진주하여, 원리 주재소 앞과 아산초등학교 교정에 면민을 집합시켜
입산자 가족을 색출하여 학교에서 50여 명을 처형하였다. 또한 북면
외딴 마을 10여 곳을 소각시키고 주민들을 인근 마을로 대피시켜 마
을 주변에 대나무나 소나무로 울타리를 막고 출입문에 보초를 세워
출입자를 통제하는 조치를 하게 되었다.

　그 와중에 북면 학천마을에 주둔하고 있던 15연대 3대대 1중대 병
력이 빨치산의 습격을 받아 큰 피해를 입는 등 토벌과 보복의 악순환

백아산의 여름, 정태관

이 거듭되었다. 6·25가 발발한 이후 양측의 대립이 격화되면서 북면 사람들은 말할 수 없는 고통을 겪었다.

와천, 외애, 길성 그리고 수리마을 주민들은 11중대가 주둔하는 이서면 보산리 난산마을로 피난하였고, 옥리와 서유, 맹리마을 주민들은 담양군 창평면 대덕면과 고서면 일대로 옮겨졌다. 또한 원리와 남치, 송단, 방리마을 주민들은 곡성군 오산면과 입면으로 피난할 수밖에 없었다.

북면의 전체 호수 2,000세대 중에서 대략 70%에 해당하는 1,400여 세대가 이주하였다. 피난하지 못한 주민은 공비를 따라 낮에는 산으로, 밤에는 마을로 이동하며 참으로 어렵게 생명을 이어갔다. 빨치산 토벌이 본격화된 1950년 11월부터 1951년 4월 사이에 국군은 작전상 불리하다는 이유로 면사무소, 지서, 아산초등학교, 서초등학교 등 공공건물과 민가 약 4,000여 동을 소각하였다.

백아산은 수많은 골짜기가 형성되어 있어 빨치산 사단병력이 은폐할 수 있는 천연 요새지였다. 1950년 9월 25일 남로당 전남도당 부위원장 김선우가 백아산 일대로 숨어들어 전남인민유격대를 조직한 후 노치, 동화계곡 등에 진지를 구축하였다. 김선우는 위로 지리산에 있는 빨치산 총사령관 이현상의 명을 받아 광양의 백운산, 화순의 화학산, 영광의 불갑산, 담양의 추월산을 연결하며 유격활동을 전개하던 핵심적인 인물이었다.

백아산 빨치산 유격대 사령부는 노치리 놀치 뒷산 해발 약 700m 고지에 있었다. 군경토벌대는 백아산에 숨어 있는 빨치산을 토벌하기 위해 1951년 봄에 이르러 병력과 화력을 집중하기 시작하였다. 이서면에 주둔하던 국군 병력 일부가 이동하여 백아산 바로 앞에 위치한 와천 앞산 고지로 옮겨 왔다. 또한 1952년 6월 무렵에는 경찰병력이 길성고지군부등, 서유리잿등에 주둔하였다.

그리하여 양측 사이에 치열한 교전이 벌어져 1952년 10월부터 1953년 4월 사이에 가장 많은 희생자가 발생하였다. 북면 주민들의 피해 또한 상상을 불허한다. 밤에는 공비들이, 낮에는 아군이 주민들이 비협조적이라는 이유로 살상하여 약 1,000여 명이 희생되는 참화를 겪었다.

백아산 마당바위, 김병택

    1951년 7월에는 김호용 화순경찰서장이 목포, 무안, 해남, 강진의 경찰병력을 충원받아 토벌에 나섰다가 빨치산의 포위 공격을 받아 480명 전원이 희생되는 참변이 일어나기도 하였다. 백아산 토벌작전이 장기화되면서 군경토벌대는 일본 오키나와에 있던 미군 전폭기의 출격을 요청하였다. 광주 20연대와 전남경찰국의 연합 토벌대는 전폭기의 수차례에 걸친 폭격을 앞세워 북면 백아산과 청풍 화학산에서 대대적인 토벌작전을 전개하여 빨치산 대다수를 섬멸하였다.

    하지만 전폭기 1대가 저항하는 유격대에 의해 백아산에 추락할 정도로 빨치산의 화력이 강했으나, 사령관 김선우는 다수의 병력을 잃게 되자 잔존 병력을 이끌고 1951년 11월 지리산으로 달아났다. 그러나 백아산 일대에도 일부 빨치산들이 남아 북면지서, 원리고지, 수리고지에 주둔한 토벌대를 여러 차례 습격하여 양측 사이에 사상자가 적지 않았다.

빨치산의 본부는 백아산 정상 부근에 위치한 마당바위 부근이었고, 현재의 자연휴양림 자리에는 병기과, 의무과가 자리하였다. 빨치산은 문바위~보름재~차일봉을 잇는 토산능선과 이 중간 지점인 삼각고지 ~곡성 매봉~화순 매봉을 잇는 능선을 따라 방어선을 구축하였다.

군경토벌대는 1951년 겨울 대공세를 펼쳐 빨치산의 거의 모든 연락망을 끊는 데 성공하여 이른바 '소강기'에 접어들었다. 백아산 토벌작전은 3년의 세월을 소모했고, 물자와 인명의 피해가 극심했던 전투였다. 양측의 처절한 혈투 속에 수많은 젊은이들과 무고한 양민의 희생이 이어졌다.

백아산의 고산 철쭉은 세월의 흐름 속에서 조금씩 묻혀 간 그날의 비극을 온전히 기억하고 있다. 백아산의 철쭉은 전장의 젊은 넋과 무고한 양민이 흘린 붉은 피를 받아 더욱 붉지 않나 싶다. 백아산은 다시는 되풀이해서는 안 될 민족상잔의 아픔을 되새긴 채 오늘도 여전히 아름다운 자태를 뽐내고 있다.

제5부

화순 사람의
여유와 미감

물염정에 기대어 조선 선비의 기개를 느끼다
철감선사 부도탑에 깃든 호남의 미감
임대정 원림에서 한가로운 여유를 만끽하다
화순향교 만화루에서 후세교육을 생각하다
동복 가수리 솟대마을의 풍경

물염정에 기대어
조선 선비의 기개를 느끼다

호남 지역 최고의 절경에 자리한 물염정
은 조선 명종 때 성균관 전적과 구례 및 풍기군수를 역임한 홍주송씨
洪州宋氏 물염勿染 송정순宋庭筍이 세운 정자이다. 송정순은 호를 물염이라
하였는데, 물염勿染이란 속세의 세파에 물들지 않겠다는 의미라고 한다.

송정순은 외손 나무춘羅茂春 형제에게 정자를 물려주어 금성나씨錦城
羅氏 문중에서 관리하게 되었다. 현재의 정자는 정면 3칸, 측면 3칸 규
모의 팔작지붕 건물로 1966년과 1981년에 걸쳐 중수하고, 1996년 지
붕을 교체하였다.

정자 내부에 조선 중·후기 문신이자 저명한 학자였던 김인후金麟厚,
이식李栻, 권필權韠, 김창협金昌協, 김창흡金昌翕이 남긴 시문詩文 등

20개가 넘는 현판이 걸려 있다. 당대의 시인묵객들은 물염정과 주변 풍광의 아름다움에 반해 이곳에 자주 올라 시를 읊고 풍류를 즐겼다고 한다.

물염정은 시를 읊고 풍류를 즐긴 유희의 공간만은 아니었다. 물염정엔 조선의 개혁과 쇄신을 부르짖다 15년 가까이 동복에서 유배생활을 하던 완숙한 최산두와 청년 김인후의 만남의 장소였다. 그리하여 물염정은 세대를 뛰어넘는 소통과 화해, 강학의 공간이 되었고, 16세기 호남사림의 위대한 전통이 서려 있는 곳이 되었다.

물염정, 사진(홍진석)

　물염정은 호남 최고의 정자이며, 사림 전통과 시가문화가 익어가던 곳이며, 노동과 시름에 잠긴 백성이 쉬어가던 아름다운 장소이다. 또한 정자 주변을 둘러싼 100년은 족히 넘은 고목들은 정자와 어우러져 한 폭의 그림을 연상케 한다.

　물염정은 방랑시인 김삿갓으로 알려진 난고 김병연金炳淵, 1807~1863년이 자주 왕래하며 시를 읊었다는 이야기도 전해져 오고 있다. 김삿갓은 물염정의 정취에 반해 배를 띄우고 취해서 읊다泛舟醉吟, 범주취음라는 제목의 시를 남겼다.

물염정 앞에 세워진 김삿갓 동상과 시비(詩碑)

강은 적벽강이 아니지만 배를 띄웠지(江非赤壁泛舟客)

땅은 신풍에 가까워 술을 살 수 있네(地近新豐沽酒人)

지금 세상에 영웅이 따로 있으랴, 돈이 바로 항우이고(今世英雄 錢項羽)

변사가 따로 있으랴, 술이 바로 소진이지(當時辯士酒蘇秦)

김삿갓은 화순 동북에서 생을 마치기 전에 물염정에 자주 올라 시를 읊었는데, 그런 연유로 정자 근처에 김삿갓의 동상과 7폭의 시비 詩碑 등이 조성되어 있다. 또한 조선시대 실학자 다산 정약용도 화순현감이었던 아버지를 따라와서 물염정을 찾아 시를 읊었다고 할 만큼 물염정에서 보이는 경관은 아름답다.

물염정은 화순군 향토문화유산 제3호로 지정되어 있고, 물염정이 있는 주변의 적벽을 정자의 이름을 따서 '물염적벽'이라고 부른다. 병풍처럼 둘러친 물염적벽의 기암절벽과 소나무 숲의 운치, 그리고 깊은 계곡과 단애의 풍치를 정자 위에서 바라보고 있노라면 마치 신선이 노닐던 선경 속으로 빠져들게 할 만큼 멋진 절경을 연출한다.

동복천 상류에 위치한 창랑천 일대에는 약 7km에 걸쳐 수려한 절벽 경관이 발달하고 있는데 대표적인 것으로는 동복댐 상류에 있는 적벽 노루목적벽과 보산리, 창랑리, 물염적벽 등 4개의 군으로 나뉘어 있다.

노루목적벽은 수려한 자연경관과 웅장함 그리고 위락공간으로서 주변의 적절한 자연조건 때문에 동복댐이 만들어지기 직전까지 널리 알려진 명승지였다. 1519년 기묘사화 후 동복에 유배 중이던 신재 최산두가 이곳의 절경을 보고 송나라의 소동파가 선유하며 그 유명한 적벽부를 지어 자연의 아름다움을 노래했던 황저우黃州의 적벽에 버금간다 하여 '적벽'이라는 이름을 지었다고 한다.

일제강점기까지만 해도 이른바 '조선 10경景' 중에 당당히 한 자리를 차지할 만큼 수려한 풍광을 자랑했다. 이서의 노루목적벽, 이서적벽보산적벽, 물염적벽, 창랑적벽 네 곳 중에서 최고의 명승지로 꼽히는 곳이 서로 마주보고 서 있는 노루목적벽과 이서적벽이다. 보통 '화순

화순 노루목적벽의 절경

적벽'이라고 하면 노루목적벽을 일컫는다.

화순적벽의 웅장함은 그 앞에 서 보지 않은 이들은 짐작조차 하기 어렵다. 그 거대한 규모며 웅장한 기운은 도저히 다른 곳에서 비슷한 곳을 떠올릴 수 없을 정도로 장대하고 웅장한 풍광을 자랑한다.

그러나 노루목적벽은 1970년대 동복천이 댐으로 막혀 호수가 되면서 아랫도리가 물에 잠기고 말았고, 그나마 상수원보호구역으로 지정되면서 40년째 접근이 엄격하게 차단되고 있다. 호수 주변으로 내려서지 못하는 것은 물론이거니와 노루목적벽으로 향하는 길조차 차단기가 내려져 수몰 실향민에게만 간혹 문을 열어 줄 뿐이다.

연세가 지극한 어르신들은 아쉬움을 가득히 담아 창랑천에 나룻배를 띄우던 시절을 얘기한다. 장대를 짚거나 노를 젓는 나룻배를 타고서 적벽에 가까이 붙어 까마득한 수직의 벼랑을 올려다보는 맛을 두고 '천하에는 또 없는 구경이었다'고 입을 모은다.

천하절경 적벽은 수많은 시인묵객과 명사들이 즐겨 찾는 장소이었다. 기축옥사에 쓰러져간 당대 최고의 명사 이발과 이길 형제의 발길도 이어졌다. 이황의 문인 김부윤이 동복현감으로 있을 때였다.

동생 이길이 즐거워 '형과 함께 적벽에서 노닐다'를 지었다.

배는 강 위에서 흔들거리고
만사가 동쪽으로 흐르는 물 같아라

오늘 밤은 다시 무슨 밤인가

우리 집이 바로 여기로세

이발이 물가에서 고기를 잡는 어부를 보며 모친을 그리워하는 답시
'적벽에서 노닐며' 를 지었다.

꽃다운 풀이 포근한 담요 같고

청산은 저 멀리 아지랑이에 싸여 있는데

그대 이끌고 오늘 취하니

만사를 푸른 하늘처럼 믿을 수밖에

바위가 취하여 엎어지니 적벽인가

어부가 살찐 고기 잡아 돌아가니

사랑하는 어머니께 드리고 싶은 생각

그리고 봄볕이 따스하다고 말씀드려야지

적벽은 명사들이 즐겨 찾는 공간이었을 뿐만 아니라 화순 사람들이 살아가는 삶의 무대였다. 너른 백사장에서 모래찜질을 하거나 천렵을 하기도 했고, 적벽 아래 나룻배를 띄워 놓고 물 구경, 적벽 구경, 물 건너 절집 구경까지 하루해가 짧았을 것이다.

가을날 하루를 잡아 밤중에 장정들이 노루목적벽 꼭대기에 올라가서 불꽃을 날리는 '낙화놀이'가 열리기도 하였다. 천길 벼랑에서 우수수 꽃불들이 자결하듯 물로 떨어지는 모습은 아찔한 아름다움이었다.

닫힌 노루목적벽은 군민과 관광객을 위해 제한적인 개방이 필요한 실정이다. 노루목적벽의 웅장함에 비하면 어림없긴 하지만, 그래도 물가를 따라 길게 이어지는 적벽의 위용을 바라보며 고운 자태를 뽐내는 물염정에서 옛 선비의 기개와 초연한 삶의 자세를 배웠으면 한다.

사화와 당쟁의 시대를 살다간 선인들이 당시의 정치현실을 개탄하면서 조용히 속됨 없이 은거하려고 세상 어느 것에도 물들지 않고 티끌

하나 없이 살고 싶어 세운 정자 앞에서 우리 화순의 현 상황에 부끄러운 마음을 가눌 길이 없다.

　우리 지역의 현실을 개탄하며 절경 속에 초가삼간 마련하여 은거하여 일신의 안일을 구하는 것도 괜찮을 듯싶다. 그러나 화순의 예향, 문향, 의향의 전통이 사라지고 반칙과 특권이 판치는 것을 한탄하기보다는 적벽대전의 찬란한 서전을 주도한 오吳나라 장군 황개가 자신을 희생하던 고육지책苦肉之策도 굳이 마다하지 않고 싶다.

철감선사 부도탑에
깃든 호남의 미감

        이양면 증리에 위치한 雙峰사는 깊은 산중에 자리잡은 아늑하고 단아하며 품위 있는 조용한 천년 고찰이다. 쌍봉사 가는 길은 지금은 도로가 잘 정비되어 편안하고 안락하지만, 1980년대 중반까지만 해도 군내 버스가 비포장 흙길을 달려 쌍봉마을까지만 왕래했다.

  당시 쌍봉사는 비구니 스님 두 분만이 수행에 정진하던 쇠락한 고찰에 불과하였고, 탐방객과 불자들은 쌍봉마을부터 쌍봉사까지 십리길을 좁은 농로를 따라 한 시간을 걸어가야 했다. 그 와중에 쌍봉사는 한국 건축사의 최대 비극이라 할 수 있는 대웅전이 전소되는 아픔을 1984년에 겪게 되었다.

철감선사 부도탑과 탑비, 김병택

　1984년 부처님 오신 날을 앞두고 스님이 시주를 구하러 출타한 중에 쌍봉사 대웅전삼층목탑이 완전히 불길 속으로 사라지고 말았다. 삼층목탑은 삼국시대 목탑 양식을 충실하게 반영한 것으로 신라 황룡사 구층목탑의 구조를 상상 복원할 때 그 기준이 되고, 일본의 최고 목탑인 호류지法隆寺 오중탑五重塔의 원조격이 되는 목탑이었다.

　쌍봉사 삼층목탑은 실측 설계도면이 남아 있어 1986년에 복원되었지만, 찾는 이의 가슴속에 남아 있는 공허함과 아픈 마음은 금할 길이 없다. 쌍봉사가 현재의 모습으로 중창된 것은 도내 다른 사찰과 마찬

최근 복원된 쌍봉사 대웅전, 사진(홍진석)

가지로 1980년대 중반 이후였다. 쌍봉사가 대대적인 불사에도 불구하고 다른 절집 같은 속기나 허장성세가 없고 예스럽고 품위 있는 산사의 향기를 간직한 것은 주지 관해觀海스님의 높은 안목 덕분이라고 칭송한 유홍준 문화재청장의 글을 본 적이 있다.

쌍봉사에는 대웅전 외에 국가문화재로 지정되지 않았지만 명부전에 모셔져 있는 목각 시왕상十王像이 조선 후기 목조각의 대표작으로 평가되고 있다. 또한 극락전으로 오르는 돌로 만든 계단은 아주 낮고 비스듬한 기울기slope를 갖고 있는데, 눈썰미 높은 건축가들의 탄성을 자아낸다.

쌍봉사에 남아 있는 문화예술의 백미는 누가 무어라 해도 우리나라 단일 석조물 중 가장 조각이 섬세하고 아름답다는 평을 받고 있는 철감澈鑑선사 부도국보 제57호이다. 또한 그 옆에 놓여 있는 9세기에 만들어진 비석 중에서 돌거북 조각이 가장 생동감 있게 표현된 것으로 평가되는 부도비보물 제170호를 들 수 있다.

부도비 혹은 탑비란 고승의 유업을 기리기 위해 출생부터 입적하기까지의 행적을 기록한 비석으로 받침대에 해당하는 거북 모양의 귀부와 몸돌인 비신석 그리고 지붕 부분인 이수螭首로 구성되어 있다. 귀부와 이수만 남은 비신이 사라진 쌍봉사 탑비의 주인공은 신라 하대 남도에 선종을 일으킨 철감선사 도윤道允, 798~868년이다.

철감선사 도윤은 통일신라시대의 승려이다. 법명은 도윤이며 시호

철감선사 탑비

는 철감, 속성은 박씨다. 그의 어머니가 신이한 빛이 방안을 가득 채
우는 태몽을 꾸고 낳았다고 한다. 18세에 출가하여 귀신사鬼神寺에서
화엄경을 공부하고 825년에 중국으로 건너가 보원선사普願, 748~835년
의 제자가 되어 선종사상을 공부하였다.

　그는 문성왕 9년인 847년에 귀국, 금강산 장안사長安寺에 잠시 머물
다가 화순 쌍봉사를 창건한 후 많은 제자를 배출하고 교세를 떨치다
가 868년경문왕 8년에 입적하였다. 쌍봉사에 머물던 시기에 9산 산문
의 하나인 사자산문의 기초를 마련하였고, 그의 법문을 이어받은

징효澄曉, 831~895년가 영월 흥녕사興寧寺에 사자산문을 열었다.

철감선사의 유골을 보관한 부도탑은 한국 조각미술사의 백미로 일컬어진다. 탑의 무게를 지탱하고 있는 기단基壇은 밑돌, 가운데돌, 윗돌의 세 부분으로 갖추어져 있으며, 밑돌과 윗돌의 장식은 화려함의 극치를 보인다.

밑돌은 마치 여덟 마리의 사자가 구름 위에 앉아 있는 모습으로 저마다 다른 자세를 취한 채 시선은 앞을 향하고 있어 흥미롭다. 윗돌은 아래에는 연꽃 무늬를 두르고, 윗단에는 불교의 낙원에 산다는 극락

철감선사 부도탑과 탑비, 정태관

조 가릉빈가伽陵頻迦가 악기를 타는 모습을 도드라지게 새겨두었다. 가릉빈가는 부도탑에서 가장 잘록한 허리 부분과 연꽃을 하늘로 향해 새긴 앙련仰蓮 위의 안상眼象, 코끼리 눈에 새겨져 있다.

　가릉빈가는 극락정토에서 노래하는 신성한 극락조인데, 상반신은 사람, 하반신은 새의 모습을 하고 있는 극락정토의 설산에 산다는 상상의 새다. 가릉빈가는 아름다운 목소리로 울며 춤을 잘 춘다고 하여 호성조好聲鳥, 묘음조妙音鳥, 미음조美音鳥라고도 불린다. 비파, 피리, 퉁소, 바라, 장고 등 다양한 악기를 연주하는 모습이 마치 주인공 철감선사가 극락정토에 들어온 것을 축하하는 공연을 하는 것 같다.

부도탑의 맨 아랫부분에는 구름 문양이 조각되어 있다. 꿈틀거리는 구름 속에 용이 새겨져 있고, 구름 위에는 8마리의 사자가 다양한 포즈를 취한 채 앉아 있다. 부처의 설법을 '사자후獅子吼'라 부르듯 불교와 사자는 인연이 깊다. 불교 관련 유물에는 코끼리 눈을 형상화한 안상이 많다. 석가모니가 세상에 태어날 때 코끼리를 타고 계셨던 것과 관련이 있다.

부도탑의 핵심에 해당하는 몸돌塔身의 남쪽과 북쪽 면에 문고리가 달린 문비門扉가 새겨져 있다. 탑신塔身은 몸돌의 여덟 모서리마다 둥근 기둥 모양을 새기고, 각 면마다 문짝 모양, 사천왕상四天王像, 비천상飛天像 등을 아름답게 조각하였다. 사천왕상 등은 옷 매듭까지 섬세하게 표현되어 있어 보는 이를 감탄하게 만든다.

지붕돌屋蓋石은 최고 수준의 조각 솜씨가 발휘되어 있다. 빗물이 흘러내리는 낙수면에는 기왓골이 깊게 패어 있고, 기와 끝에는 막새기와가, 처마에는 서까래 연목까지 사실적으로 표현되어 있다. 수막새기와에는 여덟 장의 연꽃 문양이 정밀하게 새겨져 있다.

일제강점기 때 도굴꾼이 무너뜨려 지붕돌 일부가 파손되고 상륜부가 없어진 것은 정말 안타깝다. 또한 최근에도 같은 일이 반복되면서 상륜부의 일부가 손상되는 아픔을 겪었다. 그러나 철감선사 부도탑은 조각 하나하나를 조심스럽게 다듬은 석공의 정성이 고스란히 남아

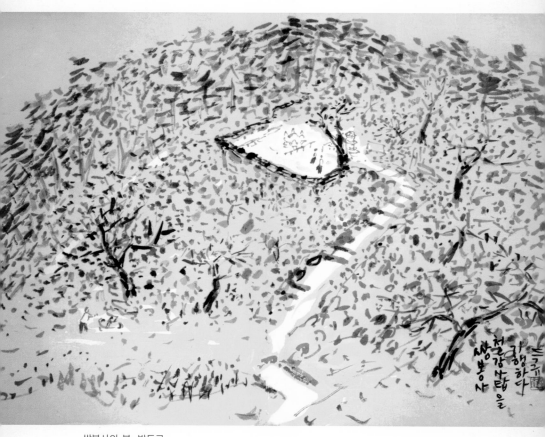

쌍봉사의 봄, 박득규

남도 역사문화 기행 _ 화순편

전해져 오는 정말 멋진 승탑이다.

화강석을 다루는 뛰어난 기술과 더불어 석공의 깊은 신앙심까지 느껴지는 당대 최고의 걸작이 아닐 수 없다. 부도탑의 건립 시기는 철감선사가 입적한 해인 868년경문왕 8년 무렵으로 추정된다.

철감선사는 847년문성왕 9년 범일국사梵日國師와 함께 돌아와 풍악산에 머무르면서 도를 닦았으며, 경문왕대에 화순 일대의 아름다운 산수에 이끌려 사찰을 창건하였다고 한다. 사찰의 이름인 '쌍봉'은 철감선사의 호를 따서 지었다. 선사가 868년 71세로 입적하니, 경문왕은 '철감'이라는 시호를 내리어 탑과 비를 세우도록 하였다.

쌍봉사 선문을 벗어나 발길을 재촉하여 속세로 돌아오는 길에 가을 단풍이 곱게 물들어 있다. 선사들은 향성香聲 혹은 문향聞香이라 하여 '향기의 소리'를 귀로 듣는다지만, 우리 같은 속인들은 차향을 음미하는 것만으로도 행복을 느낀다.

임대정 원림에서
한가로운 여유를 만끽하다

임대정臨對亭 원림은 남면 사평리에 자리하고 있다. 조선 철종 때 문과에 급제하여 병조참판을 지낸 민주현閔胄顯, 1808~1882년 선생이 1862년에 원림을 조성, 여생을 지낸 곳이다.

이곳은 선조 때 남언기南彦紀라는 인물이 벼슬에 나아가지 않고 초야에서 자연과 벗 삼아 수륜대垂綸臺를 만들고 대하臺下의 연못에 낚시를 드리우며 살았다 한다. 그 후 황폐된 것을 민주현이 원림과 연못을 조성하고 임대정이라 불렀다고 전해진다.

임대정은 바위 언덕 위에 자리하며 길에서 시냇물을 끼고 왼쪽으로 돌아 언덕에 다다르면 평탄한 마당에 정자가 있고 작은 방지方池가 있다. 방지 뒤편에는 대나무 숲이 조성되어 정원의 소쇄한 분위기를

남면 사평리 임대정 정면

임대정 원림을 지은 사애거사 민주현의 원운(原韻)

조성한다. 정자에서는 사평천과 그 너머에 위치한 농토가 잘 보인다.

임대정의 정자는 정면 3칸, 측면 2칸의 팔작지붕 건물이고 서북향을 향한다. 원래 초가로 지어졌으나 1922년에 기와로 중건하였다고 한다. 임대정의 연못은 전통적인 형태와는 다소 다른 모습을 띠고 있지만, 기본 골격은 전통적인 원림의 특징을 따르고 있다.

연못은 계단을 통해 내려갈 수 있으며, 방지의 물은 나무 홈통을 따라 아래 연못으로 소리를 내면서 떨어지도록 만들어졌다. 위쪽 연못은 상하 두 개인데 위쪽의 연못은 정자로 가는 길 옆에 길게 늘어진

형태를 보인다. 그 가운데 두 개의 섬이 만들어져 있다.

아래쪽 연못은 위쪽에 비해 좀 큰 편이다. 연못 옆에는 배롱나무가 무성한 잎을 자랑하며 장관을 이룬다. 두 연못은 수구를 통해 연결되어 있으며, 물이 큰 소리를 내며 아래 연못으로 흘러 들어간다. 연못 가운데는 장미를 심었고, 괴석으로 가산假山을 만들었다.

연못에는 연이 심어져 있는 등 대체적으로 전통적인 원림의 분위기가 잘 드러나고 있다. 임대정 주변에는 송죽, 매향, 석류, 장미, 은행나무 등이 우거진 수림이 조성되어 있다. 임대정은 많은 시인묵객과 문인이 찾아와 시문을 읊었고, 충효 예절을 가르치는 서당으로 활용되었다.

녹음방초가 우거진 한여름에 임대정 원림에서 세파에 지친 피로를 씻고 한가로움을 만끽하며 재충전의 여유를 가져본다. 벼슬에서 물러나 초옥을 짓고 한가롭게 낚시를 하거나 독서와 후학들의 교육에 정진하던 옛 사람의 안빈낙도가 그리워진다.

화순향교 만화루에서
후세교육을 생각하다

화순향교에 가면 전남문화재자료 제60호 만화루萬化樓를 만날 수 있다. 만화루는 유생들이 여름에 공부하던 강학처였고, 향시장鄕試場으로 활용되었다.

만화루는 외삼문 밖에 위치하며 정면 3칸, 측면 2칸의 중층 누각으로 지붕은 홑처마 팔작지붕을 이루고 있다. 위층에 오르는 계단을 아래층의 중앙부 동쪽에 두어 위아래로 통행이 편리하고, 위아래층 모두 창호나 벽체가 없이 개방되어 시원하고 단아한 구조를 이룬다.

만화루의 건축양식은 낮은 기단 위에 막돌초석을 놓고, 두꺼운 두리기둥을 세운 초익공 양식을 하였다. 가구 구조는 양측면에 중량을 걸친 5량가로 구성되어 있다. 도리는 굴도리를 사용하였고, 기둥머리

화순향교 만화루 전경

는 창방으로 결구하여 그 상부에 소루받침을 두었으며, 누마루 주변
은 간략한 평난간이 설치되어 있다.

　그 외에 화순향교에는 지방유형문화재 제63호로 지정되어 있는 대
성전을 비롯하여 명륜당, 동·서재, 외삼문 등이 자리한다. 화순향교
는 1433년세종 15년에 대성전, 명륜당, 만화루가 건립되었다고 전한다.
화순향교는 1597년선조 30년 정유재란 때 소실되었는데, 1611년
광해군 3년에 화순현감 이인부李仁溥가 재건을 시작하여 재정 부족으로
대성전을 먼저 건립하였다.

홍명하洪命夏가 화순현감으로 부임한 후 1647년인조 25년에 이르러 대대적인 중건사업을 펼쳤으며, 만화루 역시 이때 건립된 것으로 추정된다. 화순향교는 1817년, 1914년, 1918년에 걸쳐 각각 중수가 이루어졌다. 근래에는 1989년에 보수하였고, 1991년에는 기와를 새로 하였으며, 1997년에는 만화루의 마루를 보수하였다.

향교는 조선시대의 지방 교육기관으로 일명 교궁校宮 혹은 재궁齋宮이라 하였으며 서울의 사학四學, 4부학당과 함께 성균관의 하급 관학官學으로 기능하였다. 향교 내에는 대성전大聖殿과 명륜당明倫堂 및 동무東廡와 서무西廡, 동재東齋와 서재西齋 등의 부속건물이 자리하였다.

중앙에 공자를 향사享祀하는 대성전이 자리하고, 그 좌우에는 동무와 서무를 두어 61제자와 21현賢을 종사從祀하였다. 대성전에는 공자를 제사하고 증자曾子, 맹자孟子, 안자顔子, 자사子思를 배향配享하였으며, 다시 공자의 제자 72현 중 10철哲과 송宋의 정자程子, 주자朱子를 비롯한 6현 등 16위를 종향從享하였다.

동무와 서무에는 10철을 제외한 공자의 72제자와 한漢, 당唐, 송宋, 원元나라의 현인과 한국의 18현을 포함한 112위를 56위씩 나누어 종향하였다. 우리나라의 유학자는 서무에 최치원崔致遠, 정몽주鄭夢周, 정여창鄭汝昌, 이언적李彦迪, 김인후金麟厚, 성혼成渾, 조헌趙憲, 송시열宋時烈, 박세채朴世采 9위, 동무에는 설총薛聰, 안향安珦, 김굉필金宏弼, 조광조趙光祖, 이황李滉, 이이李珥, 김장생金長生, 김집金集, 송준길宋浚吉 9위를

화순향교 전경

남 도 역 사 문 화 기 행 _ 화 순 편

모셨다.

동재와 서재는 유생들이 기숙하며 공부하는 장소로 명륜당을 중심으로 정면에 대칭으로 놓여 있는 경우가 일반적이다.

만화루의 구조와 특성을 잘 이해하기 위해서는 향교 건물의 배치 상태와 배치방식을 살펴보아야 한다. 향교 건물 배치 기법은 명륜당을 중심으로 하는 교당부와 대성당을 중심으로 하는 문묘부를 정문에서부터 어느 쪽에 배치하는가에 따라 전학후묘前學後廟와 전묘후학前廟後學으로 구분된다.

평탄한 대지에 배치할 때는 전묘후학 배치방법을 따르고, 경사지에 배치할 때는 전학후묘 원칙을 따랐다. 화순향교는 경사지에 위치해 있기 때문에 전학후묘의 법칙을 따랐으며, 성현의 위패를 모신 대성전이 있는 문묘부文廟部를 높은 곳에 안치하려는 유교의 기본적인 정신이 건축 계획에 그대로 반영되어 있다.

화순향교의 만화루는 전학후묘의 배치법에서만 나타나는 누樓에 의한 공간구성 기법을 따르고 있다. 누樓는 성립된 건물로 볼 때 내부공간의 성격을 띠고 있으면서 동시에 외부에서 보면 두 개의 외부공간을 이어주는 절점역할節點役割을 하는 공간이 된다. 사람들이 어두운 누樓 밑을 지나 좁은 계단으로 오르면 명륜당明倫堂 건물이 보이고, 시계가 확보되면서 명륜당과 동재 및 서재가 위치한 교당부校堂部로 들어선다.

화순향교의 비석군(碑石群)

    향교 건물의 공간 배치는 건물과 담 그리고 자연의 지반 차가 서로 유기적으로 작용하여 과정적 공간, 제사공간, 교육공간, 지원공간의 4대 공간으로 분화되어 있었다. 전학후묘 배치기법에서 나타나는 누 건물은 교육공간과 잘 조합되어 유생들이 풍수와 사색 및 여가활동을 즐기던 곳이다.

    역사와 전통에 빛나는 화순향교 만화루에 올라 옛 선인의 그윽한 문향과 아름다운 자취를 떠올려 본다. 화순 지역의 뛰어난 영재와 빛나는 학동들이 만화루에 올라 시문을 짓고 풍류를 즐기던 시절은 역사 속으로 사라져 갔지만, 열악한 화순의 교육환경을 개선하여 지방의 영재를 배출하여 국가사회에 기여하는 재목으로 성장시키는 것은 우리 몫으로 남아 있다.

우리 학생들이 무상교육과 무상급식을 통해 다른 걱정 없이 학업에 정진하여 국가의 동량棟梁으로 자랄 수 있는 교육 여건을 마련하는 것이 우선이다. 향교에 필요한 재원과 비용은 국가가 부담하는 것이 원칙이지만, 재정의 어려움이 있을 때는 지방의 유림들이 추렴하는 경우도 적지 않았다고 한다. 사재를 털어 선현봉사와 후세교육에 필요한 경비를 조달하던 유림의 풍모가 새삼 그리워진다.

동복 가수리
솟대마을의 풍경

동복면 가수리 상가마을 입구에 이르면
짐대라고 불리는 솟대가 높이 서 있다. 마을 입구에는 당산나무와 짐
대가 함께 서 있다. 짐대는 마을 입구 남쪽에 2기, 북쪽에 3기가 세워
져 있다. 오른쪽 짐대는 1999년에 새로 세운 것이고, 왼쪽 짐대는 그
이전에 세운 것이다.

짐대 혹은 솟대에 대하여 전라도에서는 '소주', '소줏대'라고 하며,
함경도에서는 '솔대', 황해도와 평안도에서는 '솟댁', 강원도에서는
'솔대', 경상도 해안지방에서는 '별신대' 등으로 부르고 있다.

짐대는 삼한시대에 신을 모시던 장소인 소도蘇塗에서 유래한 것인
데, 소도에 세우는 솟대立木가 원형으로 짐작된다. 소도라는 발음

가수리 솟대, 사진(홍진석)

동복 가수리 상가마을 솟대, 박득규

자체도 솟대의 음이 변한 것에서 유래하였을 가능성이 높다.

　상가혹은 웃가무래마을은 예전에는 70여 호가 거주하였으나, 현재는 15가구 정도가 거주하고 있다. 상가마을의 형국은 화기火氣가 서려 있는 지세로서 화재가 자주 발생한다고 한다. 이 마을은 논·밭농사와 더불어 부업으로 약초를 캐거나 소와 염소를 기르고 양봉을 치기도 한다.

　이곳의 짐대는 마을의 형국이 풍수적으로 화기가 서려 있어 화재가 자주 발생하는 것으로 생각하여 물의 상징인 오리를 마을 입구에 세운 것에서 유래한다. 짐대는 소나무로 만든 긴 장대 위에 나무로 깎아 만든 새오리를 올렸다. 짐대는 해마다 세우되 풍우에 쓰러지면 넘어진 것은 다시 세우지 않는다고 한다.

솟대는 지상과 천상을 연결해 주는 메신저 역할을 한다. 솟대 위에 앉아 있는 새는 기러기나 까마귀 등으로 부르기도 하지만, 대부분의 경우에 오리를 세운 것이 일반적이다. 하늘과 땅과 물을 마음대로 다닐 수 있는 오리는 사실 인간의 한계를 뛰어넘어 사람의 뜻을 하늘로 전달하는 영적 매개 역할을 하였다는 오랜 믿음은 청동기시대부터 시작되었다.

오리는 농경사회에서 물과 밀접한 연관성을 갖는 동물이며, 비가 순탄하게 내려 물로 인한 고통을 없앨 수 있는 매개이자 화재를 막아주는 액맥이로 인식되었다. 여러 새들 중에서 오리를 선택한 이유는 물새라는 점이다.

"꿩 새끼는 길러 놓으면 산으로 가고 오리 새끼는 물로 간다"는 속담처럼 물에서 사는 대표적인 조류가 오리이다. 또한 오리는 하늘이나 물속까지 자유롭게 왕래하는 동물이다. 오리는 다른 새보다 종교적인 상징성을 갖기에 훨씬 유리하였으며, 물과의 관련성은 비와 천둥을 지배하는 동물로 인식되었다.

또한 오리는 새끼를 많이 낳는 다산과 풍요의 상징이다. 오리는 1년에 알을 300개 정도 낳는 것으로 알려져 있다. 사람들은 알을 낳는다는 것은 곧 생산을 뜻하는 것으로 오리가 알을 낳듯이 솟대의 영험으로 마을에 풍요가 깃들 것이라고 믿었다.

오리는 짝짓기를 할 때 서로 상대편을 선택한 후 마주보고 고개를 끄덕이는 예를 치른 후 교미한다고 한다. 오리는 영특하고 아름다운 교미를 하기 때문에 길조吉鳥로 여겨지기도 하였다.

가수리 상가마을의 새마을사업 추진과 근대화의 물결 속에서 한때 사라지기도 하였다. 마을 사람들은 1970년대에 쓸데없는 미신이라고 하여 짐대를 없애 버렸다. 그리고 몇 년 사이에 마을에 다섯 차례의 화재가 발생하였다. 이에 마을 원로들은 짐대를 없애 버렸기 때문에 발생한 일로 판단하여 다시 세우게 되었다고 한다.

그리하여 1978년부터 짐대를 마을의 수호신이자 화마를 막아 주는 신격으로 인정하고, 매년 2월 초하룻날 과일과 북어, 술 등을 차려 놓고 풍물을 치며 제를 지내고 있다. 마을 사람들은 새 천년이 시작된 후에는 '짐대 세우기' 축제를 개최하여 전통문화 계승에 앞장서고 있다.

상가마을 사람들의 적극적인 보존 노력과 축제 등의 개최에도 불구하고 짐대 세우기 등의 전통은 점차 사람들의 뇌리에서 잊혀져 가고 있어 아쉬운 바가 적지 않다. 가수리 입구에서부터 시작되는 십리 길에 솟대를 세우고, 동복 지역에서 생산되는 한약초와 전통음식을 결합해서 산촌체험을 테마로 하는 공간을 마련하여 주민소득 증대와 전통문화 계승에 활용했으면 한다.

남도 역사문화 기행 | 화순편 |

펴낸날   초판 1쇄 2013년 12월 15일

지은이   구충곤
펴낸이   서용순
펴낸곳   이지출판

출판등록 1997년 9월 10일 제300-2005-156호
주 소   110-350 서울시 종로구 율곡로6길 36 월드오피스텔 903호
대표전화 02-743-7661 팩스 02-743-7621
이메일   easy7661@naver.com
디자인   박성현
인 쇄   (주)꽃피는 청춘

ⓒ 2013 구충곤

값 10,000원

ISBN 979-11-5555-009-0 03910